LIVRO DE RUTH

Patrocínio

Margarida Cintra Gordinho

LIVRO DE RUTH

FECAP | imprensaoficial

SUMÁRIO

APRESENTAÇÃO

A emoção provocada pela perda de Ruth Cardoso foi intensa não apenas para sua família, amigos, colaboradores e pessoas beneficiadas pelos programas sociais que inspirou e conduziu. Por todo o Brasil houve manifestações de pesar, de orações e de homenagens, como tributo a sua dignidade, integridade intelectual e solidariedade.

Ruth preferiu distanciar-se do papel de primeira-dama, optando por não se imiscuir no governo ou presidir iniciativas paternalistas. Ela buscou melhorar as condições sociais do país por meio da adoção de políticas públicas inovadoras.

Sua concepção de política baseava-se na experiência de ensino, mas a eleição de Fernando Henrique para a presidência propiciou nova dimensão a sua atuação quando, desde 1995, Ruth inspirou a criação do Conselho da Comunidade Solidária, que ela presidiu ao longo dos mandatos de seu marido. A Comunidade Solidária foi criada como instrumento para promover a participação e novas formas de parceria entre o Estado e a sociedade civil.

Nesse contexto, adotou no Conselho da Comunidade Solidária experiências fundamentais na implantação de novas iniciativas em cidadania solidária. O Conselho, composto por apenas quatro representantes dos ministérios e 28 representantes da sociedade, refletia sua recusa em aceitar a dicotomia entre Estado e sociedade civil.

Cinco anos mais tarde, sintetizou a experiência desse Conselho propondo uma concepção coerente e inovadora de apoio do Estado a iniciativas da sociedade, baseada em políticas de assistência e desenvolvimento social, dirigidas a comunidades e a famílias em risco, que podiam e deviam ser adotadas simultaneamente às políticas estruturais de longo prazo, a fim de mudar as condições intrínsecas de vulnerabilidade e exclusão. No governo FHC criou-se uma rede de proteção social, cujos resultados alcançados pelo Brasil estão espelhados no índice de desenvolvimento humano (IDH) das Nações Unidas. Além disso, foram implantadas mudanças institucionais para a continuidade dessas políticas, a fim de se garantir uma porcentagem do orçamento público destinado à educação básica e à saúde.

Ruth Cardoso tinha convicção de que a presença da sociedade civil na esfera pública estava em ascensão. A sociedade brasileira, como observara, continua sendo "mais aberta, diversa e engajada do que nunca", com a riqueza de experiências acumuladas por grupos de cidadãos e organizações não-governamentais voltadas ao interesse público.

Se Ruth desempenhou um papel relevante durante o período em que esteve à frente da Comunidade Solidária, muito mais se poderia dizer dos anos em que se dedicou a preparar jovens com senso de responsabilidade pública, influenciando toda uma geração, incluindo a mim mesmo. Onze anos atrás, Ruth teve um papel decisivo ao convencer-me a dar continuidade ao meu engajamento em políticas sociais como ministro da Saúde, sugestão que acatei e evoco sempre com orgulho. Sua alegria em minha cerimônia de posse é algo que sempre guardarei na memória.

José Serra
Governador

CAPÍTULO 1

UMA MULHER

"Libertar a mulher é recusar encerrá-la nas relações que mantém com o homem, mas não as negar; ainda que ela se ponha para si, não deixará de existir também para ele: reconhecendo-se mutuamente como sujeito, cada um permanecerá, entretanto, um outro para o outro; a reciprocidade de suas relações não suprimirá os milagres que engendra a divisão dos seres humanos em duas categorias separadas: o desejo, a posse, o amor, o sonho, a aventura; e as palavras que nos comovem: dar, conquistar, unir-se conservarão seus sentidos."

SIMONE DE BEAUVOIR[1]

Araraquara na década de 1940

A vida estava muito mudada em Araraquara. A cidade convivia com os desdobramentos da crise de 1929 e da Revolução de 1930, que selara o fim da República Velha.

Ali, como em todo o interior paulista, a crise aniquilara os barões do café. As grandes fazendas eram postas à venda, desmembradas em propriedades menores, muitas delas compradas por imigrantes. Pagavam uma entrada e logo começavam a trabalhar a terra para ganhar o valor das prestações restantes. Novo perfil se delineava para a elite local.

A paisagem também se transformava. Aos poucos, a "onda verde" dos cafezais foi sendo substituída pelo verde mais claro da cana-de-açúcar que, com apoio do recém-criado Instituto do Açúcar e do Álcool, os novos proprietários começaram a plantar. Multiplicaram-se as chaminés apontando os engenhos que fabricavam pinga, álcool e, mais tarde, açúcar.

Em Araraquara, a presença de italianos, japoneses e sírio-libaneses movimentava a vida pacata e criava oportunidades para a economia da cidade.

Por iniciativa dessas famílias de imigrantes, proliferavam indústrias caseiras: chapéus, calçados, vassouras e artigos têxteis. Duas moças da família Lupo podiam ser vistas à janela, apreciando o movimento e tecendo as baguetes das finas meias de seda que produziam em casa. A Pharmacia Raia, com seus armários de madeira trabalhada, dominava a esquina da Rua do Comércio.

As atividades culturais eram poucas. O Cinema São Bento, o Teatro Municipal e o Clube Araraquarense concentravam a sociabilidade. Os jovens se dividiam entre a Esplanada das Rosas e a praça da matriz, para conversar e namorar.

Nesse ambiente, no dia 19 de setembro de 1930, nasceu Ruth Vilaça Corrêa Leite – filha única da professora Maria Vilaça, a Mariquita, e do contador José Corrêa Leite. Eram uma família respeitada na comunidade. Gente de poucos bens e muitos recursos em educação, valores e dignidade.

Moravam na avenida Osório, ao lado da igreja Santa Cruz, dos padres redentoristas. Era uma casa comprida, bem arrumada, enfeitada com objetos de arte popular. Num canto do quintal extenso, que terminava na rua de trás, criavam-se galinhas.

> "Quem conheceu os pais dela, José e Mariquita, entende as posturas de Ruth. Integridade, simplicidade e compreensão absoluta da realidade. Pé no chão."
>
> Ignácio de Loyola Brandão[2]

Dona Mariquita era farmacêutica. Dava aulas de botânica aplicada à farmácia, na Faculdade de Odontologia e Farmácia; também preparava alunos para o exame de admissão ao ginásio. Em razão da vida profissional, passava muito tempo fora de casa, trabalhando em vários locais diferentes. Seu interesse pela atividade acadêmica se manteve ao longo da vida, levando-a, quando já contava sessenta anos, a concluir um doutoramento na Universidade de São Paulo, sobre as propriedades da buchinha.

"Ela era um mito na cidade, mulher moderna e excelente professora. Ruth tinha mais liberdade do que a maioria das moças da cidade."

Iara Prado[3]

Mariquita, entretanto, não descuidava dos papéis tradicionais. Ensinou Ruth a cozinhar, transitando entre a cozinha – onde ficava o fogão a gás – e um puxado anexo, onde imperava o fogão a lenha, ao lado de uma pequena churrasqueira. Passou-lhe o amor pela comida benfeita. Feijão bom era cozido no fogão a lenha. O forno a gás era melhor para assar peixes de água-doce. Espetinhos, só na churrasqueira! Coava um cafezinho especial e feito na conta certa: uma xícara para cada um. Se alguém quisesse mais, fazia um novo.

Nessa época, já viviam na casa da rua São Bento. Ali havia a boa fartura do interior e o bem-receber natural dessa gente hospitaleira, atitude que Ruth levou para cada lugar onde viveu.

Mariquita queria um futuro especial para a filha e teve criatividade e energia para encaminhá-la. De acordo com o que se considerava adequado às moças de família, providenciou-lhe aulas de piano e declamação. Cuidava para que Ruth se apresentasse bem. Ela mesma trançava o cabelo tão liso e fino da filha. Sabia como era importante que ela comparecesse às festas com roupas bonitas e, para isso, não media esforços.

Ficou famosa uma fantasia que inventou para Ruth usar em uma festa de carnaval em 1942. No acabamento de criação tão inovadora, Mariquita ficou várias noites, depois do jantar, estourando pipocas e pregando-as no vestidinho.

Mulher de estilo e elegância, Mariquita se valeu dessas qualidades para aumentar a renda familiar, chegando, certa época, a instalar uma butique em casa. Seu companheiro de docência, Antonio Longo, lembra-se dela como uma mulher extraordinária, que tinha mãos de fada e sempre encontrava tempo para tudo.

Ao contrário da mãe, muito ocupada, o pai era presença constante em casa, onde funcionava seu escritório de contabilidade. Era conhecido pela excelência dos laudos que produzia, sendo frequentemente convocado como perito pela justiça.

Seu José era um homem sério, tranquilo e gentilíssimo. Seus contemporâneos evocam sua postura, de andar seguro, sempre vestindo terno. Sistemático, tinha hora certa para tudo: para acordar, para fazer ginástica, para almoçar. Tinha tempo para conversar e Ruth vivia ao pé dele. Construíram uma relação profunda.

Mocinha, muitas vezes a filha tinha prazer em cozinhar para ele, que valorizava uma mesa bem-posta. Nas conversas, reforçava sempre a importância da educação e do caráter. Ruth parecia-se com o pai em muitos aspectos.

A vida escolar de Ruth refletiu a visão de mundo de seus pais. Mariquita era a favor da escola pública; era ela quem escolhia em que escola e com quem a filha ia estudar. Começou no Grupo Escolar onde, entre outras, conviveu com duas professoras às quais sempre se referia como "fantásticas": Eunice, mãe de Walnice Galvão, e Iolanda Ópice.

Na sequência, frequentou o ginásio estadual, no edifício projetado pelo arquiteto Alexandre de Albuquerque Machado, ao qual as pessoas da cidade ainda se referiam como Araraquara College, onde o pai de Ruth havia estudado. Era, originalmente, uma escola ligada ao Colégio Mackenzie da capital, extinta em 1918. A partir de 1920, uma parceria da elite local com a Prefeitura Municipal manteve nessas dependências a Escola Mackenzie de Araraquara. Finalmente, em 1933, o edifício foi cedido ao governo do estado para a instalação do Instituto de Educação Bento de Abreu, onde Ruth fez o ginásio. Dessa época, ela guardou a lembrança das aulas de matemática do professor Djalma Epinghaus e de história, do professor Luís Perestrello de Carvalhosa.

Moça bonita, Ruth não perdia as festas do Clube Araraquarense.

Gostava de dançar e fazia muito sucesso na cidade. O pé de valsa da cidade era Brasilino, disputado pelas moças, mas ela estava sempre acompanhada por Zé Baiano, pessoa da confiança de sua mãe.

Aos domingos, era obrigatória a missa das 10h na antiga igreja matriz. Quando não havia festa, ia ao cinema São Bento, à sorveteria do Donino, passeava na praça e mantinha conversas intermináveis com a amiga Maria Alice Lia.

As opções de estudo para as moças do interior eram limitadas. Estudar em São Paulo era o sonho de muitas delas, que vislumbravam um futuro independente. Em 1945, aos 15 anos, Ruth embarcou no trem da Companhia Paulista para estudar na capital. Levava consigo o salvo-conduto obrigatório para viagens em tempos de guerra. Os trens eram referência de modernidade e conforto; a viagem durou cinco horas.

Enviar a filha única para estudar em São Paulo certamente demandou esforço dos pais, que encaravam a decisão como investimento em sua inteligência. Foi uma mudança radical para Ruth, mas ela tinha olhos abertos para o mundo e aproveitou o ensino e a oportunidade de transformação.

Como aluna do Des Oiseaux, Ruth experimentou uma disciplina severa – mas alegre – e a convivência com muitas outras moças do interior. Tudo era novo como ela e apontava para uma vida plena de possibilidades.

No colégio, ela aprendeu os modos da casa: pedir para ir ao *lave-main*; fazer reverência para a *Notre Mère*; frequentar aulas de *maintien*; usar luvas e chapéu brancos, e a faixa da classe, nas saídas; usar as meias três-quartos sempre bem esticadas e os sapatos amarrados e engraxados. Outro aprendizado fundamental foi vestir o incrível uniforme de ginástica, de sarja azul-marinho, sem se despir. Uma operação complexa, mas possível.

Nas longas mesas do refeitório, onde cada aluna tinha lugar marcado e gaveta com talheres numerados, almoçava-se e jantava-se um

O Colégio Des Oiseaux

O Colégio das Cônegas Regulares de Santo Agostinho, o Des Oiseaux, era uma instituição para a elite paulista. A congregação era de origem belga. O colégio foi criado em 1907 e instalado na Vila Uchoa, um palacete projetado por Ramos de Azevedo e Victor Dubugras, cedido em comodato à congregação pela Prefeitura de São Paulo. O imóvel ficava em meio a um bosque de árvores nativas, na rua Caio Prado, bairro da Consolação. As freiras agregaram à construção principal uma ala que incluía biblioteca, capela, salas de aula, refeitórios, dormitórios, salão de festas e clausura. Eram três andares, com altas escadas de madeira por onde circulavam as filas das alunas de saia cinza, blusa branca e as faixas coloridas – uma cor diferente para cada série de estudo, identificando as classes.

A capela era linda, com bancos de madeira trabalhada, altares laterais com santos e vitrais coloridos. Santa Rosa de Lima era a santa do altar principal. Nas horas de culto, as freiras vestidas de preto e as irmãs com véus brancos postavam-se em semicírculo em volta das meninas. Em dias festivos ouvia-se o coro que, na década de 1940, era regido pela Madre Maria da Glória. Às sextas-feiras o incenso perfumava o ar, na hora da Bênção do Santíssimo.

As visitas aconteciam no parloir *que ficava na casa original, o castelinho. A chegada dos pais, trazendo doces, abrandava a fome de carinho e as saudades de casa.*

Tudo era formal e ordenado, o cotidiano imutável, os horários determinados, a calma da perenidade.

cardápio variado e imutável no correr das semanas. Aprendia-se a descascar e comer laranjas com garfo e faca.

> "O que lembro dela é de uma mocinha muito bem comportada que nunca perdia o cordão azul de tafetá que a distinguia das outras, as levadas."
>
> Tessy Hantzschel[4]

O dormitório das alunas maiores alinhava quatro fileiras de camas forradas de branco. As internas tinham um criado-mudo e uma porta de armário para guardar seus pertences. *Mère* Saint-Laurent tomava conta delas e dormia num espaço central, isolado por cortinados.

O sino tocava às 7h da manhã, seguido por um brado:

– *Sursum Corda!*

– *Habemus ad Dominum!* era a resposta esperada.

Todas se levantavam, preparavam-se e desciam para a missa. Só depois tomavam café. Entravam no refeitório em silêncio e aguardavam as palmas das freiras para poderem falar.

Aos sábados e domingos, com licença dos pais, as internas mais velhas podiam sair, mas tinham horário para voltar. Ruth contava sobre as saídas, as festas aonde não se ia sem ser convidada, os rapazes que encontravam e as colegas de tantos interiores diversos e semelhantes.

No Des Oiseaux, entre as faixas *rouge liseré, blanc liseré* e branco puro, transcorreram seus anos de colegial.

Em 1947, durante as férias de julho em Araraquara, Ruth foi apresentada por Renato Rocha a Maria da Penha Foz de Carvalho. Ficaram amigas e, como a família de Penha tinha casa em São Paulo, Ruth às vezes passava seus fins de semana ali. Essa foi uma amiga querida e um grande apoio na cidade grande durante sua mocidade.

Terminado o curso colegial, Ruth foi morar em um pensionato de freiras no bairro da Pompeia, enquanto se preparava para entrar na faculdade. Depois do sucesso no vestibular, pois passou em primeiro lugar, começou o curso de ciências sociais, na Faculdade de Filosofia, Ciências e Letras, da Universidade de São Paulo (USP).

A turma era pequena, apenas seis alunos. Entre poucos colegas se estabeleceu estreita convivência e, juntos, abriram as portas da diversidade. O ambiente da faculdade fervilhava de rapazes e moças que estudavam, discutiam grandes temas, destinos e possibilidades. Entre eles, Ana Maria e Pedro Paulo Poppovic que viviam pela Maria Antônia, no Sujinho e no Sem Nome – bares da região baratos, ótimos para estudantes sem dinheiro.

Na faculdade, Ruth encontrou seu par, Fernando Henrique Cardoso, bonito e brilhante como ela. Formaram-se juntos em 1952. Ele passou a frequentar o Hotel Municipal de Araraquara, conheceu amigos e parentes e despertou a inveja dos pretendentes de Ruth. Casaram-se nas férias de verão de 1953, no Rio de Janeiro, onde morava a família do noivo: os pais, Nayde e o General Leônidas Cardoso, e os irmãos, Gilda e Antonio Geraldo. Mais tarde Gilda se casaria com o antropólogo Roberto Cardoso de Oliveira.

A madrinha de Ruth foi Ernestina Foz de Carvalho, a mãe de Penha. Ela ajudou Mariquita na compra do enxoval para a noiva. Iam escolher as peças na Casa Moisés, na rua 25 de Março, porque o dono era de Araraquara. Compraram também alguns artigos do Jacques, que levava peças bordadas para oferecer às mães de filhas casadouras. Foi ele que vendeu a Ernestina o véu de renda usado por Ruth na cerimônia.

O primeiro apartamento dos Cardoso ficava na rua São Vicente de Paula, em Higienópolis, em um prédio de tijolinhos ainda de pé em 2008. Ficava perto da faculdade, onde praticamente viviam, já como professores, imersos em seus interesses. Seguiram suas vidas de estudo e trabalho, paralelas e quase sempre na mesma direção.

Os filhos chegaram: Paulo Henrique em 1954, Luciana em 1957. Ruth continuou dando aulas, ainda como voluntária, pois só foi contratada em 1960. Era uma professora participante, interessada e muito querida por sua generosidade e pelo prazer que transmitia ao partilhar conhecimento. Gioconda Mussolini, Eunice Durham e ela eram as damas da antropologia. Em 1959 Ruth ficou grávida de Beatriz.

> "Eu ficava fascinada com sua energia. Era o típico caso da mãe que tem um filho na mão, uma no colo e outra na barriga. Ela, ainda assim, com toda a trabalheira, era linda e brilhante."
>
> LOURDES SOLA[5]

Em 1954, quando o general Cardoso foi eleito deputado federal e voltou com dona Nayde para o Rio de Janeiro, Ruth e Fernando Henrique passaram a morar na casa deles, na rua Nebraska, no Brooklin. Ficava a uma quadra da casa de Florestan Fernandes. O aluno Antonio Augusto Arantes frequentava essa casa, em reuniões em que as conversas se alongavam e nunca faltava um violão. Ana Maria e Pedro Paulo Poppovic, Renina Katz e Fernando Pedreira, Aída e Agenor Parente, Zilá e Francisco Weffort também faziam parte do grupo.

As férias escolares proporcionavam momentos especiais. Algumas vezes, enviavam Paulo Henrique sozinho para visitar os avós em Araraquara. Acompanhavam o embarque do menino no Pullman da Paulista. Os avós iam esperá-lo na estação. Uma aventura!

Conviviam também com Araksy e Leôncio Martins Rodrigues, cultivando uma amizade longa e preciosa. Muito próximos também eram Ana Maria e Pedro Paulo Poppovic. As famílias inventavam passeios, os filhos eram amigos.

Era uma vida produtiva e plena de ideais, de brincadeiras e de trabalho.

> "Bem antes da chegada da onda efervescente feminista, a dupla jornada constituía-se como grande conquista de uma geração, jamais como um fardo. [...] Lá na Maria Antônia, dava-se peso igual

à carreira, à casa, ao marido e aos filhos; e todas essas atividades eram executadas com igual cuidado. As mulheres da Maria Antônia desenvolveram um estilo próprio de vestir e se cuidar, da mesma forma que criaram um jeito próprio do lar e educação dos filhos. Trabalhar foi a grande conquista individual dessa geração de pensadoras e mestras. Ruth fez parte dessa geração de batalhadoras."

ANNA VERÔNICA MAUTNER[6]

Em 1960, o grupo de amigos se alvoroçou para participar de um grande evento. Jean-Paul Sartre e Simone de Beauvoir vieram ao Brasil! Foi uma passagem marcante, resultado da iniciativa audaciosa de Luiz Meyer e Fausto Castilho. O casal de escritores ficou viajando durante dois meses pelo país, em contato com a intelectualidade local.

Naquele ano o Brasil assistia à campanha presidencial disputada por Jânio Quadros e o Marechal Lott. O grupo de convivência dos Cardoso, que apoiava a candidatura Lott, incluía Bento Prado, Luiz Meyer e Giannotti, entre outros. Em um jantar oferecido a Sartre e Beauvoir, na casa de Ruth, travou-se a primeira de muitas discussões sobre a coerência da esquerda.

> "Então por que nós, que éramos de esquerda, estávamos apoiando Lott e não Jânio? Houve uma grande discussão e não foi possível explicar o que talvez fosse inexplicável mesmo."

FERNANDO HENRIQUE CARDOSO[7]

Era um jantar com comida brasileira muito caprichada, à moda de Ruth, e goiabada com queijo na sobremesa, hábito que horrorizou Simone de Beauvoir. Dias depois os franceses foram a Araraquara. Em uma Kombi dirigida por Octavio Ianni, durante cinco horas, seguiram para lá Giannotti, Ruth, Marilda e Duglas Monteiro, Alain e Adriana Touraine. Fernando Henrique, Luiz Meyer, Bento e Lucia Prado e o casal Sartre foram de trem.

Sartre fez uma conferência na recém-inaugurada Faculdade de Filosofia, a convite de seu diretor Fausto Castilho, que definia Araraquara como um centro cultural importante. Simone de Beauvoir falou sobre feminismo no Teatro Municipal, tendo Fernando Henrique como intérprete. Na sala repleta, as ideias expostas no seu livro *O Segundo Sexo* tiveram grande impacto. O mundo desenvolvido chegara a Araraquara e a mudança viria pelas mãos das mulheres.

Alain e Adriana Touraine e Stelle e Gérard Lebrun, que também tinham viajado, ficaram hospedados na casa de dona Mariquita. Ali aconteceu um jantar para os visitantes em que foi servida uma sopa de mandioquinha, feita por Ruth, tão elogiada que ficou na história.

Em 13 de março de 1964 aconteceu o histórico comício da Central do Brasil, no Rio de Janeiro, e muito se especulou sobre qual seria a reação dos militares ao inflamado discurso de Jango Goulart naquela ocasião. Essa dúvida não permaneceu por muito tempo. Em 30 de março veio o golpe, os militares tomaram o poder e, em São Paulo, agentes do Departamento de Ordem Política e Social, o temido DOPS, foram à Maria Antônia em busca de Fernando Henrique para prendê-lo.

Ele não tinha vinculação política partidária. Trabalhava na universidade, onde já era um destacado membro do Conselho Universitário. Sem ser da esquerda radical, ele podia dialogar com o sistema político da época. Engajara-se nas lutas pela melhoria do ensino público e pela modernização da universidade. Em sua tese de doutoramento, *Capitalismo e escravidão no Brasil meridional*, publicada em 1962, adotara o método dialético marxista. Isso bastava para torná-lo suspeito, na temporada de caça às bruxas. Recolhido em casa de amigos, em São Paulo e no Guarujá, decidiu que a família deveria exilar-se. Não era seguro permanecer no Brasil.

No ano anterior, o sociólogo espanhol José Medina Echavarría passara por São Paulo e convidara Fernando Henrique para trabalhar com ele no Chile. Envolvido com a carreira acadêmica, ele recusou o convite, indicando para o posto Francisco Weffort, que partiu semanas antes do golpe no Brasil. Fernando Henrique foi, inicialmente, para Buenos Aires, onde foi procurado por Nyno Fidelino Figueiredo, diretor da Comissão Econômica para a América Latina (Cepal), que lhe transmitiu novo convite de Medina Echavarría, desta vez para ser diretor adjunto do Instituto Latinoamericano de Planificación Económica y Social (Ilpes), organismo vinculado à Cepal, com sede no Chile e ligada à Organização das Nações Unidas (ONU).

Ruth precisou conseguir licença da USP, o que foi dificultado por Egon Schaden, por motivos ideológicos. Ela tinha também providências cotidianas e familiares a tomar. Enviou as crianças para ficarem com os avós em Araraquara, enquanto cuidava de desmontar a casa e a vida. Deixou parte da biblioteca aos cuidados de Heleieth Saffiotti, na chácara do Pio; outros livros ficaram com Fernando Gasparian. Sua tese em andamento e seu projeto acadêmico ficaram atalhados no meio.

Em Santiago existiam vários institutos internacionais e os primeiros exilados encontraram bons empregos. No começo eram Francisco Weffort, Celso Furtado, Wilson Cantoni, os Cardoso e Roberto Moreira. Depois vieram Marcio Moreira Alves, Paulo de Tarso Santos, Conceição Tavares e Carlos Lessa. Muitos desses homens eram maridos sem mulheres, solteiros à força e desamparados. Artur da Távola fazia parte do grupo de exilados no Chile e introduziu um grande repertório de música clássica nas reuniões.

Logo que chegou, enquanto Ruth ainda estava no Brasil, Fernando Henrique foi morar na parte térrea de uma casa grande e antiga, junto com Weffort e Celso Furtado. Quando os amigos se juntavam, Wilson Cantoni, sociólogo de São José do Rio Preto, cantava, todos comiam muita feijoada e pensavam em um Brasil que não existia.

A colônia brasileira crescia. Chegaram Paulo Freire, Almino Affonso, Francisco Whitaker, Fernando Pedreira e alguns jovens que se tornariam grandes amigos da família Cardoso, como o mineiro Vilmar Faria e o paulista José Serra. No Chile pré-golpe militar, a comunidade brasileira chegava a umas cinco mil pessoas.

Os primeiros formaram o "grupo da caixinha", de brasileiros já estabelecidos que se cotizavam para ajudar os exilados desprovidos. Com o tempo, os fundos cresceram tanto que os exilados chegaram a montar uma lavanderia de sucesso!

Assim que Fernando Henrique foi contratado, Ruth embarcou com os filhos, em Congonhas, rumo ao Chile. Para o menino Paulo Henrique, a viagem foi de deslumbramento, ante a visão dos picos andinos nevados. Para ela, marcava um novo começo de vida. A experiência chilena – sua primeira experiência de ruptura – ensinou-a que a existência não era previsível.

Quando Ruth chegou, os Cardoso foram morar no bairro Vitacura, primeiro na calle José Luis Carrera e, mais tarde, na calle Las Nipas, uma boa casa com jardim e uma lareira aconchegante, onde Ruth recebeu muitos hóspedes, sem cerimônia.

Plínio de Arruda Sampaio, que tinha chegado sozinho, ficou um tempo na casa dos Cardoso. Depois, alugou uma moradia e chegaram Marieta e os cinco filhos. Ruth conquistou a gratidão da família ao conseguir equipar a casa deles com os pertences de um diplomata brasileiro que havia sido transferido.

> "A Ruth foi a solidariedade em pessoa. Em uma semana tínhamos a casa completa."
>
> Plínio de Arruda Sampaio[8]

Ela reorganizou o cotidiano da própria família com habilidade. A vida era confortável e Ruth tinha assistência em casa para cuidar da rotina. Exercia com gosto seu talento culinário, valendo-se bastante dos magníficos frutos do mar chileno.

Pôde também aproveitar o prazer da vida com os filhos pequenos e de ser uma dona de casa exemplar. Recebia os amigos e os novos conhecidos, em frequentes noites de discussões políticas e acadêmicas. Deu aulas em diversas faculdades chilenas introduzindo, entre novos autores, os trabalhos de Lévi-Strauss.

Os funcionários da Cepal ganhavam bem e podiam importar artigos sem imposto. Paulo Henrique lembra-se de um catálogo da Sears em que escolheu uma fantástica bicicleta Raleigh; lembra-se também dos meninos com quem jogava futebol na rua. Pelas ruas de Santiago, Fernando Henrique guiava um Mercedes-Benz, muito diferente do velho Singer em que rodava em São Paulo. Visto através do filtro do tempo, esse foi um exílio dourado!

Renina Katz foi expor suas gravuras em Santiago e Valparaíso, convidada oficialmente pelo poeta Tiago de Mello, o adido cultural brasileiro no Chile. Madrinha de Paulo Henrique, ela ficou hospedada na casa dos Cardoso. Desse tempo ficaram seus *crayons* das crianças, memórias da infância.

> "A Ruth tinha uma capacidade fantástica de transformar suas casas em ambientes agradáveis. Assim foi em Santiago. Eles continuaram recebendo muito bem."
>
> RENINA KATZ[9]

No Chile, os filhos iniciaram seu périplo de estudos no exterior. Com o pai trabalhando em organização ligada à ONU, Paulo Henrique e Luciana tiveram acesso a uma escola internacional, o Nido de Águilas, com ensino em inglês e espanhol, que aprenderam com fluência. Nas férias, às vezes viajavam para o Brasil para visitar os avós em Araraquara.

As crianças estranharam os tremores de terra, quando um minuto virava uma eternidade. Beatriz, que tinha apenas quatro anos quando chegou, aprendeu espanhol muito depressa, com sua *niñera*. Amigos lembram-se de um dia em que a terra tremeu e ela exclamou: – *Valgame Diós, que susto*!

Em 1967 a família mudou-se de novo, desta vez, para a França. Permaneceram em Paris pouco mais de seis meses. Os filhos não foram matriculados na escola, pois tinham chegado no começo do período de férias escolares. Frequentavam apenas a Aliança Francesa e o Atelier du Jeudi, de atividades artísticas. Não era fácil recomeçar a vivência em outra língua, com novos colegas e amizades a fazer.

Ruth identificava-se com a cidade. Reencontrou suas amigas Maria do Carmo e Lucia Campello de Souza, com quem retomou as longas conversas, plenas de informações e observações da vida comum. Ela gostava de inventar programas culturais, levar as crianças a museus e concertos, passear, comer e beber muito bem. Gostavam do *5ème arrondissement*, da *Contrescarpe*, da *rue des Écoles*. Estavam perto da Sorbonne e de sua instigante agitação.

Ao mesmo tempo, Ruth preparava-se para voltar ao Brasil e retomar a vida acadêmica, o que aconteceu no início de 1968. Para todos era a retomada da vida deixada para trás cinco anos antes. Um recomeçar facilitado pela presença da família e dos amigos, que permaneceram fiéis.

Ruth voltou a visitar os pais, em Araraquara, sua terra e sua gente. Dona Nayde certamente ficou feliz por ter a família do filho por perto. Ruth era uma nora querida e cuidava da sogra com muito carinho. Ela, por sua vez, encantava a nora e os amigos do filho Fernando Henrique com as delícias de sua mesa amazônica.

As crianças foram matriculadas na escola e voltaram a estudar em português. Paulo Henrique e Luciana reencontraram amigos antigos. Beatriz, que saíra do Brasil muito pequena, não tinha referências brasileiras. Havia ainda a questão da língua. A readaptação requeria esforço extra.

> "Ruth me trouxe o Paulo Henrique para melhorar o português. Ele ainda usava expressões em espanhol, o que o atrapalhava no colégio."
>
> MARILDA MARTINS MONTEIRO[10]

Durante os anos de ausência, a realidade brasileira havia mudado muito. Encontraram a USP envolvida na resistência à ditadura. Alguns alunos batalhavam pela reforma universitária, outros se encaminhavam para a luta armada. A juventude era diferente, sinal dos tempos no país.

> "Na escola da Rua Maria Antônia havia um clima de revolução, tocavam a Internacional o dia inteiro. Naquele clima fiz o concurso na Cidade Universitária e ganhei a cátedra."
>
> FERNANDO HENRIQUE CARDOSO[11]

Ruth recomeçou a dar aulas. Primeiro, na Maria Antônia e, logo depois, na Cidade Universitária, para onde foram transferidos os cursos depois da batalha contra o Mackenzie. Atendia os alunos, disseminando sua experiência no exterior, as novas ideias e suas aplicações no Brasil. O mundo estava em ritmo de transformação e o interesse de Ruth pela aventura antropológica tornava suas classes um imenso prazer.

Era um privilégio ser seu aluno: atenta a descobrir e incentivar a atividade intelectual, ela transformou a vida de muitos deles. Para os preferidos, abria também sua casa e seu coração.

Em abril de 1969, em decorrência do Ato Institucional nº 5, Fernando Henrique foi aposentado compulsoriamente da universidade e teve seus direitos políticos cassados.

Desta vez, a família se organizou para ficar no Brasil. Em parceria com outros professores e pesquisadores cassados, foi criado, em São Paulo, o Centro Brasileiro de Análise e Planejamento (Cebrap), que se consolidaria como importante núcleo de pesquisa e reflexão sobre os problemas brasileiros contemporâneos. Ruth continuou com as aulas na USP e como convidada em outras instituições.

Durante nove anos, até 1982, o casal se deslocava periodicamente para dar cursos na França, Inglaterra e Estados Unidos. Às vezes toda a família os acompanhava, como quando passaram um ano letivo em Cambridge, ou no Instituto de Estudos Avançados de Princeton, nos Estados Unidos, onde Albert Hirschman era o grande especialista em América Latina. Frequentavam mais um grupo de elite intelectual; estabeleciam preciosos contatos internacionais. Quando os filhos permaneciam, Luciana se ocupava de tudo em casa. Sempre muito organizada e responsável, ela facilitou muito as viagens da mãe.

Em tempos de exceção, a imprensa alternativa cresceu. Surgiram no Rio de Janeiro o jornal *Opinião*, editado pelo amigo Fernando Gasparian, e *O Pasquim*, um acontecimento editorial. Mais tarde, em São Paulo, foram criados a revista *Argumento* e o jornal *Movimento*. Em todos Fernando Henrique publicou artigos. A participação pública de Ruth e Fernando Henrique na Sociedade Brasileira para o Progresso da Ciência foi expressiva em repulsa à ditadura.

Entre os anos de 1970 e 1980 os Cardoso iam para Ibiúna quase todos os fins de semana. A casa vivia cheia e a família era muito alegre e acolhedora, Fernando Henrique sempre brincando com todos e Ruth cuidando de tudo e providenciando comida: seu cozido fazia sucesso! Famosa também era a torta de maçã, húngara, que Yara Hormonay levava e Fernando Henrique disputava pedaço a pedaço.

Se não iam os jovens, Ruth enchia a casa com seus amigos: Giannotti, Eunice, Lourdes Sola, Elza Berquó. Muitas vezes levava suas alunas prediletas: Ana Cristina Martes, Esther Hamburger, Guita Grin Debert, Helena Sampaio, Simone Coelho e Teresa Caldeira. Iam poucas de cada vez, para trabalhar, conversar e comer coisas gostosas. Ruth cozinhava com prazer.

Frequentavam os fornecedores locais e visitavam seu Roque, o antiquário, que oferecia móveis antigos ou apenas velhos. Os estilos das casas assemelhavam-se: chão de lajota ou cimento queimado, algumas peças antigas de mobiliário mineiro, outras de desenho contemporâneo brasileiro, plantas e móveis confortáveis no terraço, muitos livros e revistas, tudo simples e familiar.

Na praia, com os pescadores

Picinguaba é uma vila caiçara em Ubatuba, quase no limite do Rio de Janeiro. Na década de 1970, era um pedaço do paraíso. Severo e Maria Henriqueta Gomes tinham um vasto terreno morro acima, com várias casinhas de pescadores e queriam amigos à volta. Ruth e Fernando ganharam uma dessas casas, fizeram uma reforma simples, mantendo o estilo caiçara, sem forro, pintando as janelas de azul e pendurando redes na varanda.

Inicialmente, chegar lá era uma aventura que se fazia em grupo. Iam até Ubatuba e, como a estrada não atingia Picinguaba, deixavam o carro no Saco da Ribeira, tomavam a escuna de Severo e seguiam por mar. Ao chegar próximo a Picinguaba, Severo soltava rojões para chamar os caseiros que vinham ajudar com a bagagem. Ruth não sabia nadar e não gostava de barcos, mas os filhos adolescentes aproveitaram muito essa casa. Em 1976 foi aberto o trecho da BR 101 entre Santos e o Rio de Janeiro, facilitando o acesso a Picinguaba. Paulo Henrique e seus amigos do Colégio Equipe desciam em bando e se divertiam muito.

Maria do Carmo Campello de Souza, Acácio Werneck, Roberto e Vera Suplicy reformaram outras casas da vila. Eduardo e Marta Suplicy construíram lá uma casa moderna e, dessa maneira, Picinguaba chegou a concentrar três senadores da República entre seus veranistas.

No campo, com os amigos

O desejo da casa no campo foi também um assunto coletivo. Havia um loteamento no Mirim-Açu, próximo à represa de Ibiúna. No final da década de 1960 estavam lá Maria Helena e José Gregori, Ana Maria e Pedro Paulo Poppovic e Eduardo Carvalho Tess. Mais tarde incorporou-se o loteamento do Pessegueiro. Os Cardoso alugaram uma casa de Fernando Lemos em 1973.

Ali construíram casa primeiro Ruth e Fernando Henrique; Pedro Paulo levantou casa nova. Dulce e Juarez Brandão Lopes, Elizabeth e Ottaviano de Fiori, Ana de Freitas e Lúcio Kowarick, Clélia e Gabriel Bollaffi também se instalaram por lá. Tantos amigos próximos em ideias e pensamentos, vários com filhos da mesma idade, fizeram de Ibiúna um lugar de churrascos, boas conversas e alegria. Ruth era bastante responsável pelo clima agradável da convivência e todos eram fanáticos por Ibiúna.

A habilidade de Ruth para lidar com os empregados facilitava tudo. Ela sabia ouvir e escutava com curiosidade as histórias, que davam voltas antes de chegar ao ponto de interesse. Em 2002, quando o seu caseiro Joaquim morreu, Ruth deixou Brasília para comparecer ao enterro. Em Ibiúna ela voltava a ser a moça do interior, que entendia o pensamento caipira e tinha paciência para esse diálogo. "Caipira não diz o que pensa", ela ensinava a todos.

A vida era reservada para os próximos e Ibiúna foi a casa de sua paixão, com o jardim que ela formou e cuidou, as flores que enfeitaram sua vida e os passarinhos que vinham à janela, ao lado da mesa de trabalho.

Foi também em Ibiúna que Ruth conheceu Ivaldo Bertazzo, trazido por Silvia Poppovic, um moço magrinho que encontrou fazendo estranhos exercícios na piscina. Ela ficou curiosa, puxou conversa, ouviu sobre o trabalho de corpo, sobre as aulas na casa do Pacaembu e se interessou. Tornou-se uma aluna assídua, que chegava depois do trabalho, trocava de roupa e falava bastante durante a aula, provocando gritos do professor. Mais tarde, Paulo Henrique e Bia Cardoso também tiveram aulas com Ivaldo. Ruth ficou sua amiga e o incentivou quando começou a realizar os espetáculos dos cidadãos dançantes.

> "Ela fazia a minha cabeça. Eu sempre ouvi pessoas que respeitava e ela falava que eu tinha que continuar, esse era o meu caminho."
>
> IVALDO BERTAZZO[12]

Ruth adorava a tradição da grande reunião do dia 24 de dezembro. Em 1976, o jantar foi em Ibiúna com a participação de todos os vizinhos. A grande atração da noite foi a fantasia de Supermãe, inventada por Luciana e Cristiana Barreto, para presentear Ruth. A festa de Natal era uma celebração! Vinha muita gente, a casa ficava cheia. Amigos traziam especialidades salgadas e doces, vinhos generosos, a mesa ficava repleta de delícias.

Ruth gostava muito de presentear, especialmente as crianças, e comprava pequenas lembranças que arrumava em conjuntos variados, conforme as idades. Havia lembranças para todos os que chegavam. Para o visitante inesperado, ela sempre tinha alguma surpresa em sua gaveta de presentes.

> "A Ruth, entre todas as minhas amigas, era a que mais gostava de agradar. Tinha muito apego a rituais tradicionais, mas nunca fazia alguma coisa banal. Ela conseguia até ser anticlerical com doçura e firmeza."
>
> REGINA MEYER[13]

Em São Paulo, depois de anos morando no exterior, os Cardoso tinham construído uma casa no Morumbi, o primeiro projeto arquitetônico de Ennes Silveira Mello. Era contemporânea e espaçosa com um jardim guardado por uma cadela bóxer, Mafalda, que pressentia a chegada de Ruth, dava cambalhotas ao vê-la e mantinha diálogos gemidos com sua dona. Ela gostava de animais e se vira privada desse prazer quando morara no exterior. Os filhos adolescendo, agora tinham uma casa para receber amigos, com privacidade e espaço.

No meio da sala, uma rede branca com varanda – uma novidade na época, mais uma afirmação de brasilidade. Artesanatos indígenas da Amazônia e de outras partes, cerâmicas, almofadas coloridas reforçavam esse estilo simples, discretamente sofisticado.

O sonho não durou muito. A porta automática da garagem tinha personalidade, às vezes não abria, outras não fechava. Casa contemporânea e equipada era tarefa que requeria mais tempo do que ela dispunha. Em meados dos anos 1970 a família mudou-se para um apartamento na alameda Joaquim Eugênio de Lima, levando as cadeiras de palhinha, os estofados confortáveis, as gravuras, os quadros, as peças de artesanato de raiz e lembranças da vida no exterior. Yara, a namorada de Paulo, lembra-se bem de Fernando Henrique escrevendo na mesa oval da sala, em meio a muita conversa, concentrado, mas ouvindo tudo e dando apartes engraçados.

Nessa casa Ruth perdeu a mãe, depois de longa e penosa doença. Sua admiração por ela era imensa: sabia quanto devia à Mariquita, pela abertura que permitiu em seu destino. A perda levou-a à consciência de que, agora, passava a ser o esteio da família. A figura de sua mãe permaneceu como referência constante.

Ruth tentou trazer o pai para morar com ela. Seu José, entretanto, preferiu ficar em Araraquara, mantendo sua independência. Vinha muitas vezes para São Paulo e passava dias em Ibiúna, onde gostava de caminhar de manhã cedinho. Nesses momentos, não tinha a companhia da filha, que sempre gostou de acordar mais tarde.

Poucos anos depois, sua morte foi extremamente traumática para Ruth. Ele voltava de ônibus para Araraquara, depois de um fim de semana em Ibiúna, e teve um ataque cardíaco na viagem. Ela chorou muito essa perda.

A família Cardoso mudou-se de casa mais uma vez. Voltando ao conforto de Higienópolis, moraram primeiro na rua Pernambuco, depois na rua Maranhão, em um apartamento agradável. Nessa ocasião surgiu um fato novo que teria grande impacto sobre o cotidiano familiar. O Centro Brasileiro de Análise e Planejamento (Cebrap) fora contatado por alguns membros do MDB para criar um programa político e Fernando Henrique aproximou-se de Ulisses Guimarães.

> "Tive problemas em casa. Ninguém gosta de coisas públicas, de política, as mulheres lá em casa são paulistas à antiga, têm horror de aparecer. Mas esclareci: não posso ser candidato, é só um ato de protesto."
>
> FERNANDO HENRIQUE CARDOSO[14]

Ainda em 1977, retornaram à Europa, com os filhos, por alguns meses. Moravam em uma casa de dois andares, em Grantchester Meadows, em meio a um gramado onde os esquilos circulavam. Fernando Henrique fora convidado para ser *fellow* no Clare College e professor na Faculdade de Economia da Universidade de Cambridge, Inglaterra. Apenas ele tinha direito a pisar no gramado da universidade e se divertia muito com isso. Como sempre, o cotidiano era pleno de brincadeiras e trabalho.

Quando voltaram, ainda em 1978, Fernando Henrique foi indicado pelo MDB como candidato ao Senado. A candidatura deveria ser apenas de protesto, inviabilizada por ele ter sido aposentado pelo AI-5. A campanha para senador aproximou Ruth e Gilda Portugal Gouvêa, que participava ativamente do comitê. Ruth deixava claro que não queria saber de política partidária. Gilda percebeu logo que era preciso discriminar os assuntos: recados de natureza política deviam ser dados diretamente a Fernando Henrique e pertenciam a outra esfera. Mas Ruth não deixou de se envolver na campanha.

Desde sempre, ela teve muita clareza sobre as questões que separavam o público do privado, fruto de discussões alentadas em seminários na USP, no Cebrap e praticadas no cotidiano. FHC se elegeu suplente, assumiu a vaga no Senado em 1983 – quando Franco Montoro foi eleito para o governo de São Paulo – e reelegeu-se em 1986.

Nessa época, Ibiúna foi mais uma vez cenário de grandes festas animadas, às vezes na casa de Malu e Sylvio Luiz Bresser Pereira. Em uma dessas ocasiões Giannotti preparou o apreciadíssimo cordeiro, que foi servido na ceia. Era o *réveillon* de 1982 para 1983, da passagem da oposição ao poder; Montoro era o novo governador do estado e Fernando Henrique o senador por São Paulo. Muitos amigos participaram desse governo. Para Fernando Henrique foi o início do aprendizado político, a mudança para Brasília e o afastamento do Cebrap.

Enquanto o marido foi senador e, depois, ministro das Relações Exteriores e da Fazenda, Ruth não se mudou para a capital federal. Luciana, que trabalhava no Diretório Estadual do PMDB, ia esporadicamente a Brasília, e organizou o apartamento do pai. Nos anos subsequentes, Luciana continou cuidando de assuntos pontuais, ligados à conta-corrente de FHC, pagamentos de empregados, entre outros.

> "Escolheu viver na claridade, entre os holofotes da vida política e a noite da vida doméstica. Somente nesse intervalo poderia combinar a determinação de sua vontade e a doçura dos seus gestos."
>
> José Arthur Giannotti[15]

A permanência de Ruth em São Paulo causou estranheza a muita gente que achava que a mulher deve sempre acompanhar o marido. Para a feminista Ruth, entretanto, seu lugar era em casa com os filhos, na universidade com os alunos e participando dos movimentos sociais, o que já fazia há anos.

Essa militância era substantiva. Em 1978 o nome de Ruth Cardoso figurou na lista de assinaturas da Carta da Mulher Paulista. A partir de 1979 ela passou a frequentar reuniões em almoços regulares, na casa de Ruth Escobar, que resultaram na criação da Frente de Mulheres Feministas.

Em 1984 o movimento "Diretas Já" levou às ruas de São Paulo milhares de pessoas vestidas de amarelo – uma feliz ideia de Caio Graco da Silva Prado. O último comício realizado antes da votação, no Anhangabaú, foi uma apoteose! No palanque, toda a oposição em pé de guerra. No chão, a multidão de um milhão e meio de pessoas, que cantou emocionada o *Hino Nacional*. No meio da multidão, Ruth Cardoso manifestava-se como cidadã comum de livre pensamento.

Em 1985 outra campanha: Fernando Henrique candidatou-se à Prefeitura de São Paulo pelo PMDB. Ruth esteve nos grandes comícios e em eventos paralelos, participou da redação do folheto do PMDB sobre mulheres e de muitas reuniões entre intelectuais e mulheres. A eleição – perdida por menos de 2% dos votos, após uma campanha que parecia vitoriosa – foi para ela um aprendizado, uma preparação.

Ruth nunca se filiou ao MDB, ao PMDB, mas foi fundadora do PSDB em 1987. Ela mantinha suas opiniões e as discutia com Giannotti e Serra; cercava-se de amigos como Pedro Paulo Poppovic e Gilberto Velho. Seduzia pela argumentação e era admirada por muitos.

Suas amigas eram íntimas. Ruth Escobar, com quem aprendia sobre moda, que lhe emprestava roupas e conversava sobre a vida. Sonia Draibe, Lourdes Sola, Maria Helena Gregori e Regina Meyer eram interlocutoras para discussões de conteúdo, mas também conversavam sobre telenovelas. Ela adorava acompanhar os folhetins, cujos episódios e personagens serviam para tecer comentários sobre diferentes aspectos da realidade brasileira.

A família se desenvolvia. Os filhos encontraram seus pares e Ruth gostava de contar e apoiar o fato de eles nunca terem se casado

Pirandello: um bar para a história

Em janeiro de 1980 inaugurou-se o Pirandello, um bar que entrou para a história da intelectualidade paulista. Todos se encontravam lá para conversar. Era certo encontrar gente interessante e a comida boa e barata de Antônio Maschio – ele mesmo antigo aluno da Maria Antônia. PT *e* PMDB *mesclavam desilusões pessoais e esperanças coletivas.*

Em 1985 haveria eleição para a Prefeitura de São Paulo. Ruth, Fernando, Elza Bercquó, Célia e José Francisco Quirino, José Arthur Giannotti, Maria do Carmo e Lúcia Campello, Bolivar Lamounier e mais centenas de pessoas compareceram ao Pirandello para participar do leilão de obras de arte a fim de arrecadar recursos para a campanha de Fernando Henrique, candidato pelo PMDB.

Foi um sucesso! Maschio e seu sócio Wladimir Soares venderam todos os lotes. As pessoas foram imbuídas da intenção de ajudar o candidato e talvez tenha sido o último leilão com peças efetivamente doadas por artistas como Maria Bonomi, Marcelo Nietzche, Alfredo Volpi, Antônio Peticov, Décio Tozzi e pelas galerias de Raquel Arnaud, de Mônica Filgueiras, de Sabine Liebmann.

Na "Calçada da Glória" do Pirandello, na Rua Augusta, ficaram gravadas as mãos e os pés de Ruth e Fernando Henrique Cardoso.

formalmente. Os netos nasceram: Joana e Helena, filhas gêmeas de Paulo Henrique e Ana Lucia Magalhães Pinto; Julia e Pedro, de Beatriz e David Zylbersztajn; e a caçula Isabel, de Luciana e Getulio Vaz. Ruth se dedicava aos netos com um prazer imenso, era uma avó carinhosa e presente.

Suas atividades didáticas no exterior lhe deram oportunidades de ampliar seus conhecimentos e relacionamentos com as diversas academias que visitou. Em 1988 Ruth passou uma temporada em Nova Iorque. Foi instigante a experiência de morar sozinha. Sua amiga Maria do Carmo Campello dava aulas em Colúmbia. Elas aproveitaram a programação cultural da cidade e fizeram bons amigos entre os professores do *campus*. Nova Iorque foi um momento especial para dedicar-se com exclusividade à carreira acadêmica, o que nunca ocorrera antes.

Algum tempo depois, a vida lhe proporcionaria uma experiência singular. Em 1994, Fernando Henrique foi eleito presidente da República e reeleito em 1998. Desta vez, Ruth Cardoso se mudaria para a capital federal. Os oito anos em que permaneceu em Brasília, como mulher do presidente da República, foram um desafio que ela enfrentou com galhardia.

Houve muitas dificuldades e notáveis foram os resultados de seu trabalho, e o desenvolvimento da Comunidade Solidária nesse período. Mas nem mesmo nessa época, de tantos compromissos públicos, ela descuidou de criar um ambiente protegido para a vida familiar. Imprimiu sua marca na ala íntima do Palácio da Alvorada.

Inspecionava pessoalmente os jardins e surpreendeu assessores ao sugerir uma redução das despesas da Presidência, recomendando que os vasos ornamentais da decoração interna do palácio fossem abastecidos com as flores produzidas ali mesmo no Alvorada.

Os netos eram presença constante. Isabel, filha de Luciana e Getúlio Vaz, nasceu em Brasília e estava próxima. Os funcionários da segurança acostumaram-se a ver Pedrinho durante a noite, de pijamas, atravessando o corredor do segundo andar para alcançar o quarto dos avós, onde encontrava aconchego. Júlia também reivindicava seu espaço e ali ganhava uma cama improvisada. Paulo Henrique trazia suas gêmeas Joana e Helena.

As crianças aproveitavam os jardins, admirando as emas e o lago com patos e peixes coloridos. Mas o principal espaço de diversão era a grande piscina, com escorregador e brinquedos, onde aconteceu uma memorável festa de aniversário de Júlia, com bexigas, doces, bolo com velinhas e muitas crianças correndo pelo jardim.

Mulher do interior, Ruth sentia falta do campo, de um lugar para se retirar do cotidiano do palácio. Essa ideia evoluiu para a compra da fazenda Córrego da Ponte, no município de Buritis (MG), pelos filhos em sociedade com Sergio Motta, que sempre pensou grande.

Ruth gostava de passar lá o fim de semana. Mandou fazer um fogão a lenha para cozinhar à antiga. Arrumou a casa e até levou a sua coleção de garrafas de cachaça, coisa de família de gente que não bebe, mas gosta da cultura popular, dos rótulos artesanais e dos nomes curiosos. Havia garrafas recolhidas por seu pai e muitas por ela em suas pesquisas; a coleção crescera muito com presentes que recebia. Para lá o casal levava amigos, gente que compunha a mesa de pôquer junto com Fernando Henrique; nesse jogo Maria Helena Gregori era uma parceira de fôlego. Em 2001 festejaram na fazenda um duplo aniversário: Pedrinho fazia nove anos e Fernando Henrique, setenta.

O sonho acabou quando o Movimento dos Sem Terra (MST) ocupou a propriedade em 2002. Os invasores beberam muitas garrafas da coleção, quebraram outras, rasgaram os sofás e invadiram sua privacidade. Ruth nunca mais foi ao Córrego da Ponte. A fazenda foi vendida pelos filhos em 2003.

Entretanto, a atividade pública não dava trégua. As viagens internacionais sucediam-se. Ruth tornara-se uma singular cidadã do mundo, que queria ouvir sua voz. Entre as muitas participações em eventos de instituições internacionais, esteve, em 1997, na Conferência Internacional sobre Trabalho Infantil, em Oslo, e marcou presença, em 1998, na Conferência Mundial sobre AIDS, em Genebra. As visitas oficiais, onde sua acompanhante era Malak Poppovic, lhe possibilitaram conhecer líderes religiosos, políticos e monárquicos; ela afirmava que a personalidade que mais a impressionara tinha sido Nelson Mandela.

Para Ruth, esse foi mais um período de muito trabalho, resultando na brilhante construção da Comunidade Solidária e do reconhecimento da força e da importância da articulação entre a sociedade civil e os três níveis do governo. Essa foi uma inovação que transformou a ação social no Brasil, e nessa missão ela investiu seu conhecimento e sua força.

> "O Comunidade nunca foi governo. Até tivemos influência em algumas políticas, influência de idéias, mas nunca com interferências ou participação em políticas do governo. Era uma parceria."
>
> RUTH CARDOSO[16]

Ruth pôde desfrutar perspectivas diversas informadas por sua visão de mundo, emoção e curiosidade. Ela sempre teve olhos para ver e nada abalava sua simplicidade.

No dia da posse, em 1995, percorreu o trajeto que conduz ao poder em Brasília, ao lado de Ana Maria Maciel; no mesmo ano, atravessou Londres em carruagem dourada, conversando com o príncipe Philip. Em 1997, jantou na Bahia com os militares, os acadêmicos e o povo do candomblé, todos participantes do Universidade Solidária; já em 2001 a refeição foi em Chequers, na casa de campo do primeiro-ministro inglês, com Cherie e Tony Blair, Bill Clinton e a governante do pequeno Leo Blair, ouvindo sobre a situação perigosa no Oriente Médio. Escutou as reclamações dos chefes yanomami em São Gabriel da Cachoeira, com Beth Vargas e, em seguida, levou os netos

A campanha de Aids

Solicitada a participar da campanha Vista esta Causa, *realizada no Brasil entre 1996 e 1997, Ruth Cardoso incorporou o lacinho vermelho na maioria de suas aparições públicas, divulgando essa ação que arrecadou* R$413.189,43 *com a venda de camisetas com o laço vermelho da luta contra a* AIDS. *Sua presença contribuiu significativamente para o êxito da iniciativa.*

*Implementada pela Associação Saúde da Família (*ASF*), em parceria com líderes da moda, o grupo Vicunha e a agência de modelos Elite, a campanha foi um sucesso, distribuindo recursos para 49 projetos. O comitê de seleção foi integrado por Maria Cristina Pimenta, responsável pela Prevenção de* HIV/DST *do Programa Nacional de* DST/AIDS, *do Ministério da Saúde; Sarah Costa, representante da Fundação Ford; Etelvina Barros, coordenadora do Programa de Prevenção à* AIDS, *da Agência Norte-Americana para o Desenvolvimento Internacional (*USAID*); Paulo Roberto Proto, assessor residente dos Programas de Prevenção à* AIDS/DST *da Comunidade Europeia.*

Julia e Pedro para visitar a aldeia, driblando a segurança do coronel Fonseca. Em dez minutos no mercado municipal de Cracóvia, na Polônia, comprou uma peça de âmbar e prata que já enfeitava seu vestido na recepção à noite, encantando seus anfitriões e piscando um olho cúmplice para Lola Berlinck, sua acompanhante nessa viagem oficial.

Provar de todas as barracas do Centro das Tapioqueiras da Paopina, no Ceará. Ir com as netas Joana e Helena e o historiador inglês Eric Hobsbawm ao Saint Anthony's College, em Oxford para ver Fernando Henrique receber o título de *Doutor Honoris Causa of Civil Law*. Receber o agradecimento emocionado dos adultos alunos do Alfabetização Solidária e ser recebida em audiência pelo papa João Paulo II. Instalar-se na embaixada brasileira em Roma, o belo Palácio Doria Pamphili; pousar em um hotelzinho simples em visita aos programas da Comunidade Solidária e hospedar-se na suíte Prince Albert do palácio de Buckingham, em visita oficial à Inglaterra.

A preocupação desmesurada do Itamaraty com o seu vestido para o jantar com a rainha incomodou Ruth. Ela resolveu aprontar uma brincadeira. À jovem diplomata que a questionava contou que gostava muito de artesanato e encomendara o modelo no Nordeste. Aflita, a moça ficou semanas pedindo detalhes. Quando viu o vestido exclamou espantada: – Mas é lindo, dona Ruth!

O vestido, criação de Lino Villaventura, tramado e rebordado em vários tons de vermelho escuro, era uma obra-prima do artesanato brasileiro feito no Ceará e foi muito admirado durante a festa.

Encerrado o segundo mandato de FHC, de volta à vida comum e enriquecida por sua trajetória acadêmica e pública, Ruth Cardoso tornara-se um símbolo benfazejo, reconhecida pelas iniciativas que articularam a melhoria de vida de milhares de brasileiros, sem nunca ter cedido ao viés assistencialista.

Era admirada sem reservas e fizera inúmeros amigos entre os que se aproximaram de sua missão: estabelecer um novo patamar para a responsabilidade social no país.

> "Fernando Henrique e eu fizemos um pacto, toda noite, ou quase toda noite, conforme a agenda permite, nós conversamos sobre isso tudo que vai passar, nós vamos nos tornar pessoas comuns. Conversamos sobre quem somos nós, o que queremos e o queremos ser depois."
>
> RUTH CARDOSO[17]

Ciente da transitoriedade de sua carreira pública, não teve maiores dificuldades em voltar à esfera privada. Seu trabalho independia do governo ou de recursos públicos. Abriu mão da marca Comunidade Solidária, para assumir a Comunitas – organização social civil de interesse público (OSCIP), autônoma e criada dois anos antes, dentro de novo marco legal, para assegurar as condições de continuidade das estratégias de fortalecimento da sociedade civil.

Ruth continuava a trabalhar com o terceiro setor, à frente da Comunitas. Dava seu expediente no escritório instalado em uma casa na avenida Angélica, cedida pelo governo federal à Capacitação Solidária. Os programas agora sediados em São Paulo recebiam sua atenção plena e se reestruturaram. Fecharam-se as portas do governo às suas propostas, mesmo com excelentes avaliações e bons projetos. Mas a sociedade civil reconhecia seu trabalho e os empresários continuaram a dedicar-lhe profundo respeito, ouvindo suas opiniões e apoiando suas iniciativas.

Em meio ao trabalho, foram muitas as alegrias e os resultados eficientes, como ver a Rede Jovem desenvolver tecnologias para integrar os jovens e abrir-lhes oportunidades de trabalho e conhecimento. Perceber a sociedade civil protagonista com o Portal do Voluntário em parcerias internacionais. Arregaçar as mangas para ir à Cidade Tiradentes iniciar mais um projeto caro ao seu coração e desenvolvido pelo Capacitação Solidária. Apreciar o sucesso do Alfabetização Solidária, o alcance do Universidade Solidária, a permanência do artesanato de raiz e a loja do Artesol, primorosamente arrumada e realizando os recursos adiantados aos artesãos.

Presidia a Comunitas e participava ativamente de sua programação em responsabilidade social. Para o último projeto que desenvolveu, *Benchmarking* em Investimento Social Corporativo (BISC), ela convocou seus parceiros-empresários a assumirem eles próprios a resolução estratégica de seus investimentos sociais, tornando-os mais eficientes e eficazes na gestão da cidadania nacional. Reuniu à sua volta mais de 50% do Produto Interno Bruto interessado em seu conhecimento.

Ruth construiu uma sólida obra social e os resultados de seu trabalho lhe agradavam, mas não dormia sobre louros. Sabia que sempre era preciso inovar. Continuava cheia de ideias e muito atenta aos problemas, à necessidade de atualização e às formas de atuação eficientes para a construção de uma sociedade democrática.

> "Neste mundo político, os homens quererem legitimamente saber a sua opinião é uma espécie de milagre. Ela conseguia isso por ser inteira em tudo o que fazia."
>
> GILDA PORTUGAL GOUVÊA[18]

Em dezembro de 2007 Ruth transferiu a presidência da Comunitas para Renata Camargo Nascimento, amiga e parceira antiga, conselheira da instituição e profissional de renome no terceiro setor. Mas permaneceu à frente de sua missão até o fim, estimulando iniciativas e oportunidades para projetos de cidadania.

> "Cidadania adquiriu um novo sentido na sociedade atual. Ela encerra as idéias de participação, de responsabilidade, de envolvimento e compromisso com a comunidade, a sociedade e o meio ambiente. A Responsabilidade Social Corporativa é exercida quando as empresas adotam atitudes cidadãs e têm uma visão mais ampla de sua função na sociedade. A idéia de que o papel das empresas na sociedade vai além dos seus interesses econômicos já é uma realidade no Brasil."
>
> RENATA CAMARGO NASCIMENTO[19]

Nesses últimos anos os Cardoso tiveram novas oportunidades de se dedicar à vida pessoal. Para descansar e desligar-se das conexões presidenciais, o casal ficou uma temporada em Paris. Reviveram os prazeres da liberdade e os encantos da cidade, os bons restaurantes, as exposições e os amigos com quem dividiam o tempo, agora livre. Relaxar, caminhar pelas ruas, andar de metrô, entrar nas livrarias, voltar aos lugares preferidos. Puro prazer!

De volta a São Paulo e à rotina, Ruth sabia que precisaria de um apartamento mais amplo. Era evidente que as conversas políticas continuariam e tanto movimento e atividade demandavam espaço adequado.

Encontrou o imóvel que desejava, vendeu o apartamento antigo e providenciou a reforma do novo. Acompanhou atentamente a obra, a adaptação dos móveis e, quando chegou a hora, providenciou também a mudança.

Nesse apartamento manteve o estilo do anterior, as peças novas diluídas no espírito antigo. No comando da cozinha seguia Teresinha e a mesa continuava aberta aos que chegavam, na simplicidade das boas coisas. Ruth voltou a encomendar fora o cuscuz paulista que todos apreciavam e as coisas voltaram a seus eixos.

A vida privada tomou novo alento. Eram as *pizzas* de domingo com Regina e Luiz Meyer, Lourdes Sola, Giannotti, Leôncio Rodrigues e Maria Teresa Sadek, Pedro Paulo e Malak Poppovic. As visitas dos filhos e netos eram frequentes. Bia, morando no Rio de Janeiro, trabalhava em São Paulo e aparecia quase toda semana. Paulo Henrique também vinha sempre do Rio com Evangelina Seiler, sua mulher. Luciana, que permaneceu morando em Brasília, também visitava São Paulo frequentemente com seu marido Getulio Vaz e a filha Isabel.

Liberada dos protocolos da presidência, Ruth abandonou os inevitáveis terninhos que a enfadavam; contava que guardara apenas os casacos que usava desemparelhados. Livrou-se também dos eternos seguranças e voltou a trabalhar bastante e a frequentar teatros, concertos e cinemas. Discutia política com Serra e Giannotti, divergindo muitas vezes, mas ela defendia suas opiniões com ironia e firmeza, como sempre fizera.

Ruth retomou o costume de ir ao supermercado para uma compra de última hora e voltar a pé, carregando as sacolas. Os vizinhos gostavam de vê-la em sua simplicidade de dona de casa: reconheciam-na e a cumprimentavam. Novos amigos encontravam os antigos e a casa recuperou o movimento. Voltaram a frequentar Ibiúna nos fins de semana, mas agora iam quase sempre sozinhos, descansavam e escreviam. Frequentemente jantavam no bom restaurante português do quilômetro 53; outras vezes avisavam os amigos Regina e Luiz Meyer que estavam chegando. Luiz desenvolvera habilidades culinárias respeitáveis e, para Ruth, preparava fundos de alcachofra com cogumelos, uma especialidade que ela apreciava muito. Não raro Boris e Cinira Fausto, assim como Maria Helena e José Gregori, participavam dessas refeições. Menos frequentemente, mas com grande prazer, Dulce e Juarez Brandão Lopes e Carlos Lemos também estavam presentes.

Viajaram bastante. Foram à China e, além dos locais turísticos, visitaram fábricas e bairros populares. Ruth mantinha sua curiosidade e interesse pelo modo de vida da população. A transformação ali ocorrida desde a viagem oficial, anos antes, os espantou. Era outro país, que apontava para um mundo novo. Na volta passaram por Sevilha e chegaram a partilhar a experiência gastronômica de Ferran Adrià. Ruth falava com gosto de uma pseudoazeitona explodindo em sabor na boca.

Frequentaram as fazendas de Maria Augusta e Henri Philippe Reichstul, Carmo e Jovelino Mineiro, Sonia e Fernão Bracher, em fins de semana de conversas em família e boa mesa.

Mendoza foi o último destino de prazer, um longo fim de semana com Renata e Luiz Nascimento e os Mineiro. Visitaram as vinícolas e suas bodegas, conheceram bons restaurantes pela mão do *chef* Francis Mallmann e beberam excelentes vinhos.

A essa altura, Ruth estava com a saúde fragilizada pelo coração e era acompanhada pelo dr. Arthur Ribeiro, seu médico há mais de trinta anos. Ele a conhecia bem e a tratava com cuidado especial. Ela sentia-se melhor. A fatalidade da sua morte súbita em 24 de junho de 2008 – sem dores e nos braços do filho querido – encerrou uma existência privilegiada.

> "Houve como que uma natural sincronia entre a autenticidade da dor do adeus a Ruth e a autenticidade com que viveu a sua vida. Ela foi uma dessas pessoas incomuns que fazem por merecer a admiração de todos quantos as conheçam pelo fato de serem duplamente íntegras – no sentido ético e no de inteireza de personalidade, pensamento e conduta."
>
> *O Estado de S. Paulo*, 27 jun. 2008

O luto da família foi compartilhado pela nação. O Brasil ficou mais triste com sua partida. Flores, muitas flores a acompanharam ao cemitério da Consolação; *corbeilles* oficiais, institucionais ou enviadas por pessoas que a admiravam. O povo paulista, que nutria por ela carinho especial, enfileirou-se para a despedida na Sala São Paulo. Vieram de Brasília muitos ministros e centenas de amigos.

No túmulo discreto, em torno da família reuniram-se muitos, levando sua dor e solidariedade. Sobre o caixão Paulo Henrique Cardoso colocou a bonequinha Esperança, símbolo do Artesanato Solidário, presença do trabalho da mulher brasileira que ela dignificou.

> "Todos queriam, ainda que por um momento fugaz, fazer parte desse espaço moral que ela representava com seus princípios."
>
> Jorge da Cunha Lima[20]

Em todo o país realizaram-se cerimônias para que seus amigos e admiradores lembrassem dela, mestra em força, gentileza, comedimento e inteligência, que realizou uma vida plena e uma obra notável.

> "A dívida de todos nós, amigos íntimos ou os que só a estão conhecendo agora, é fazer com que as bandeiras levantadas por ela sigam em frente. São as bandeiras mais evoluídas em relação às mulheres e ao país."
>
> MARIA HELENA GREGORI[21]

A missa de sétimo dia em São Paulo aconteceu na capela de Nossa Senhora de Sion e José Serra ergueu sua voz sentida pela perda da amiga. No Rio de Janeiro, realizou-se uma comovente cerimônia na Pontifícia Universidade Católica (PUC), onde falaram Roberto da Mata, Yvonne Maggie, Gilberto Velho e Aécio Neves. Muitas outras iniciativas, vinculadas à sua vida acadêmica e atuação pública reverenciaram sua memória.

Em sua terra, duas homenagens públicas: a nominação do Fórum "Professora Doutora Ruth Cardoso" e a inauguração da Escola Municipal "Ruth Corrêa Leite Cardoso".

Na família, entre seus amigos, parceiros e colaboradores, ao espanto ante a violência da ruptura, sucedeu uma profunda tristeza pela perda dessa mulher admirável.

Ruth
Anunciaram que você morreu.
Meus olhos, meus ouvidos testemunham.
Mas a alma profunda, não.
Por isso, não sinto agora sua falta.
Eu sei bem que ela virá, pela força persuasiva que tem.
Virá súbito um dia, inadvertida para os demais.
Por exemplo, assim. À mesa, conversarão de uma coisa e outra.
Uma palavra lançada à toa.
A tirar na franja dos lutos de sangue.
Alguém perguntará em quem estou pensando.
Eu sorrirei, sem dizer, que é em você.
Profundamente.
Mas, agora, eu não sinto a sua falta.
É sempre assim.
Quando o ausente partiu sem se despedir, você não se despediu.
Você não morreu, ausentou-se.
Eu direi: faz tanto tempo que ela não escreve, irei até sua casa.
E ela não estará.
Imaginarei: está no sítio de Ibiúna.
Está numa reunião, na Cidade Tiradentes.
Ou no Rio, com seus netos.
Saberei que não.
Você ausentou-se.
Para outra vida.
A vida é uma só, e a sua continua.
Na vida que você viveu.
Por isso, Ruth, não sinto agora a sua falta.

José Serra, parafraseando Manuel Bandeira[22]

NOTAS

1. Beauvoir, Simone de. *O segundo sexo: a experiência vivida.* 2.ed. São Paulo: Difusão Europeia do Livro, 1967. v. 2, p. 500.
2. Brandão, Ignácio de Loyola. Mulher bem-educada não precisa ouvir. *Tribuna Impressa,* Araraquara, 29 jun. 2008.
3. Prado, Iara. *Entrevista concedida à autora,* São Paulo, 5 nov. 2008.
4. Hantzschel, Tessy. *Entrevista concedida à autora,* São Paulo, 24 set. 2008.
5. Sola, Lourdes. *Entrevista concedida à autora,* São Paulo, 7 nov. 2008.
6. Mautner, Anna Verônica. Elegia às mulheres da Maria Antônia. *O Estado de S. Paulo* (*on-line*), São Paulo, 24 jul. 2008.
7. Echeverría, Regina. De professor a presidente. *A Revista,* São Paulo: Takano, 2002. Edição especial n. 1.
8. Sampaio, Plínio de Arruda. *Depoimento concedido à autora,* São Paulo, 25 jun. 2008.
9. Katz, Renina. *Depoimento concedido à autora,* São Paulo, 27 nov. 2008.
10. Monteiro, Marilda Martins. *Depoimento concedido à autora,* São Paulo, 15 out. 2008.
11. Echeverría, Regina. De professor a presidente. *A Revista.* São Paulo: Takano, 2002. Edição especial n. 1.
12. Bertazzo, Ivaldo. *Entrevista concedida à autora,* São Paulo, 08 nov. 2008.
13. Meyer, Regina. *Entrevista concedida à autora,* São Paulo, 29 nov. 2008.
14. Echeverría, Regina. De professor a presidente. *A Revista,* São Paulo: Takano, 2002. Edição especial n. 1.
15. Giannotti, José Arthur. Homenagem a Ruth Cardoso. *Revista Novos Estudos,* São Paulo: Cebrap, jul. 2008.
16. Cardoso, Ruth. Entrevista com Ruth Cardoso. *Informativo,* São Paulo: FFLCH/USP, n. 21, set/out. 2005. Entrevista concedida a Daniel Cantinelli Sevillano.
17. Cardoso, Ruth. *Depoimento de Ruth Cardoso.* São Paulo, 2002. Depoimento concedido a Lola Berlinck.
18. Gouvêa, Gilda Portugal. *Por ser inteira em tudo que fazia.*
19. Nascimento, Renata Camargo. *Parcerias para o Desenvolvimento Solidário.* São Paulo: Comunitas, 2008.
20. Lima, Jorge da Cunha. Ruth e os benefícios do rigor, *Folha de S.Paulo,* São Paulo, 24 jul. 2008.
21. Gregori, Maria Helena. *Entrevista concedida à autora,* São Paulo, 4 out. 2008.
22. Serra, José. *Homenagem a Ruth Cardoso.* São Paulo, 30 jun. 2008.

Mariquita e Ruth, 1940

Conservatório Dramático Musical de Araraquara, 1935

A original fantasia de pipocas, carnaval, 1942

A família Corrêa Leite na rua São Bento, 1.001 Araraquara, 1945

SECRETARIA DA SEGURANÇA PÚBLICA
DO ESTADO DE SÃO PAULO

SUPERINTENDÊNCIA DE SEGURANÇA
POLÍTICA E SOCIAL

SERVIÇO DE SALVO-CONDUTO

SALVO-CONDUTO

BRASILEIRO

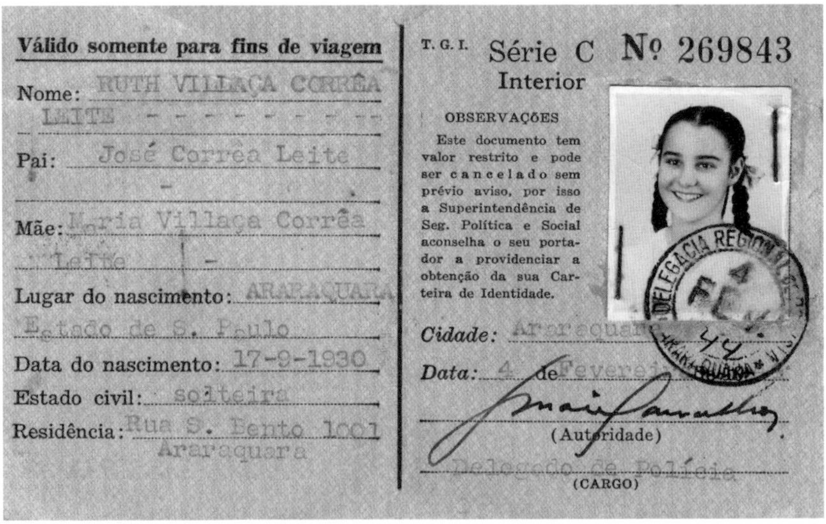

Válido somente para fins de viagem

Nome: RUTH VILLAÇA CORRÊA LEITE

Pai: José Corrêa Leite

Mãe: Maria Villaça Corrêa Leite

Lugar do nascimento: ARARAQUARA Estado de S. Paulo

Data do nascimento: 17-9-1930

Estado civil: solteira

Residência: Rua S. Bento 1001 Araraquara

T. G. I. Série C Nº 269843

Interior

OBSERVAÇÕES

Este documento tem valor restrito e pode ser cancelado sem prévio aviso, por isso a Superintendência de Seg. Política e Social aconselha o seu portador a providenciar a obtenção da sua Carteira de Identidade.

Cidade: Araraquara

Data: 4 de Fevereiro

(Autoridade)

Delegado de Polícia

(CARGO)

Documento de viagem emitido em Araraquara, 1944

Formatura no colégio Des Oiseaux, São Paulo, 1949

Ruth Villaça Corrêa Leite, 1948

Ruth e Fernando Henrique, noivos, em Araraquara, 1952

Fernando Henrique Cardoso e amigos em Araraquara, 1951

Casamento, Rio de Janeiro, 1953

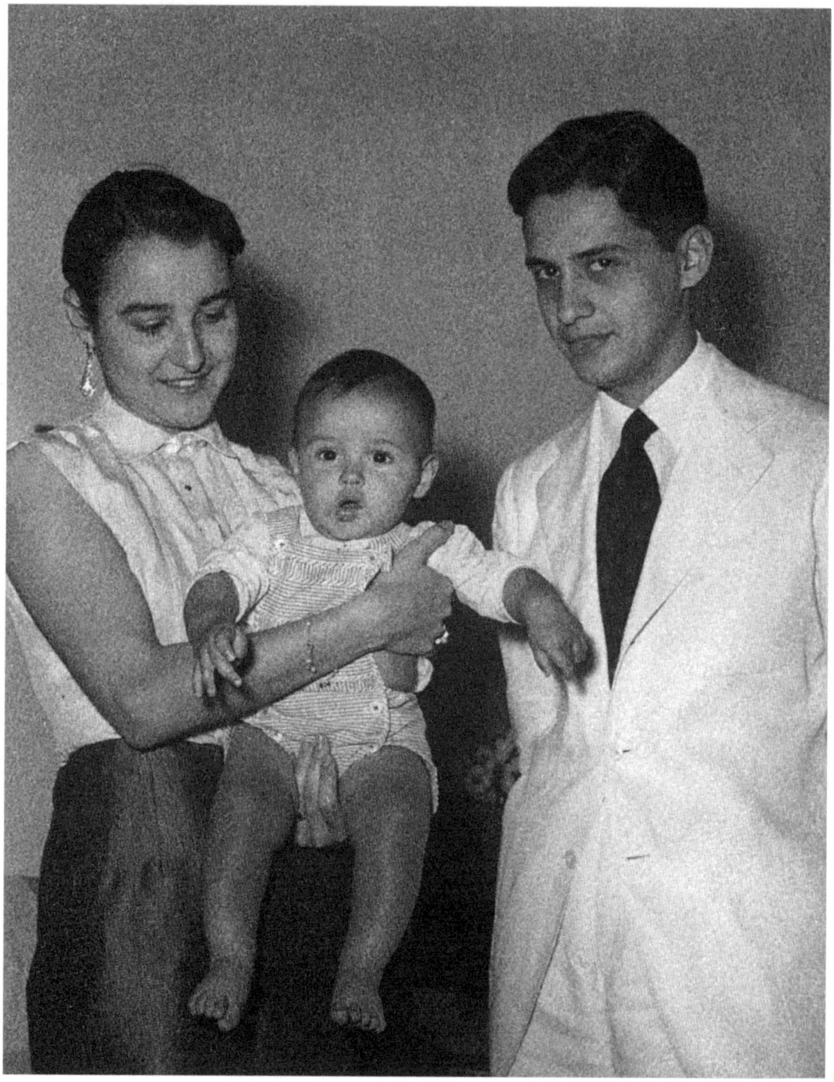

Ruth e Fernando Henrique
com o filho Paulo Henrique, 1954

Ruth Cardoso durante a campanha de FHC
para a Prefeitura de São Paulo, 1985

Beth Mendes, Ruth Escobar, Alda Marcantônio, Ruth Cardoso
e Lila Covas, 1º Comício da Mulher, São Paulo, 1985

Ruth Cardoso, à mesa do 1º Comício da Mulher, 1985

Ruth e Paulo Henrique, em campanha de FHC
para a Prefeitura de São Paulo, 1985

Entre os índios, s/d

Em campanha de FHC para a Presidência da República, 1994

Brasília de Arruda Botelho, Lila e Mário Covas, Ruth Cardoso,
São Paulo, 1994

Ruth, Nelson Mandela e Malak Popovic, 1998

Posse de FHC, Palácio do Planalto, 1995

Ruth e FHC, posse no Palácio do Planalto, 1995

No Buckingham Palace, Londres, s/d

Ruth e Marjorie Gueller, 1995

Ruth na 29ª seção da Unesco, Paris, 1997

Com José Gregori, s/d

Ruth e José Serra, s/d

Ruth, s/d

CAPÍTULO 2

LIÇÕES DE VIDA

"Eu pertenço a uma geração que foi criada durante o período Vargas [...]. É preciso entender quais eram os parâmetros políticos que as pessoas tinham naquela época. Primeiro, um grande número de pessoas achava que ditadura era muito ruim, e a maioria tinha uma posição democrática. Havia, no entanto, grande interesse pelas sociedades socialistas e pelo processo de desenvolvimento brasileiro. O principal objetivo da minha geração era o desenvolvimento do país e a busca da sua independência e autonomia."

EMÍLIA VIOTTI DA COSTA[23]

Parque do Ibirapuera, projeto Oscar Niemeyer, 1954

Em 1949, quando Ruth Corrêa Leite se tornou aluna de ciências sociais na Faculdade de Filosofia, Ciências e Letras da Universidade de São Paulo, fazia pouco mais de uma década que o país começara a se organizar oficialmente para a produção de conhecimento acadêmico sobre os problemas nacionais.

Desde os estertores da República Velha, em muitos sentidos, o Brasil se reinventava. Os modernistas inovavam nas artes, criando representações inéditas da identidade nacional. Com a urbanização contínua das principais capitais, novas tecnologias eram pouco a pouco incorporadas ao cotidiano.

Mas foi apenas após a derrota dos paulistas em 1932 que as elites locais conjugaram esforços para criar instituições de ensino superior em que o conhecimento e a busca do entendimento da realidade próxima e das mudanças em curso pudessem processar-se de forma racional, organizada e conforme os procedimentos científicos consagrados no mundo ocidental. Essa era parte importante da estratégia empreendida por esses segmentos para reconquistar a liderança política perdida.

Em maio de 1933 um grupo de empresários e profissionais liberais, com Roberto Simonsen à frente, criou a Escola de Sociologia e Política com o objetivo – declarado – de formar elites com vigor democrático. A escola funcionou durante vinte anos no período noturno, em salas emprestadas pela Escola de Comércio Álvares Penteado, criada, entre outros, por Horácio Berlinck, pai de Cyro Berlinck, um dos fundadores da Escola de Sociologia e Política.

Em 1934, apoiado por personalidades expressivas do estado de São Paulo, como Julio de Mesquita Filho, Paulo Duarte e Vicente Rao, o governador Armando de Salles Oliveira criou a Universidade de São Paulo. Em seu brasão, a inscrição *Scientia Vinces*: pela ciência vencerás.

> "Finalmente, depois de tantos anseios, de tão vigorosa propaganda, concretizava-se a idéia pela conjugação, sob a égide de uma unidade universitária comum, das grandes e prestigiosas instituições de educação superior existentes em São Paulo, acrescidas de duas faculdades remodeladas e de uma nova, fundamental, a Faculdade de Filosofia, Ciências e Letras, laço de entrosamento científico-cultural pelas suas seções numerosas e variadas."
>
> Extrato do decreto de fundação da USP[24]

Para lecionar nesses tempos heroicos da USP, especialmente na Faculdade de Filosofia, Ciências e Letras, o governo do estado contratou jovens professores franceses como Claude Lévi-Strauss, Fernand Braudel e Pierre Monbeig.

Quando a faculdade começou a funcionar, boa parte das aulas eram ministradas em francês. Como ainda não haviam sido providenciadas instalações próprias, os novos cursos começaram em diferentes espaços cedidos por outras instituições. Matemática foi para a Escola Politécnica, na rua Três Rios; a Faculdade de Medicina emprestou salas de aula e laboratórios, onde se iniciaram os cursos de zoologia, ciência sociais e filosofia; as aulas de física aconteciam em um prédio da Brigadeiro Luís Antônio. Um tempo depois, o estado comprou o palacete Jorge Street, na Alameda Glete, onde instalou o curso de história natural e construiu um anexo para as químicas.

> "A criação da USP não foi apenas uma medida burocrática, para unir faculdades espalhadas, mas, sim, uma revolução no ensino. Pela primeira vez se discutia no Brasil a necessidade de pesquisa pura. [...] Os novos professores obrigavam o aluno a pensar, a questionar o conhecimento existente e a participar da aula."
>
> MARCELO DAMY[25]

Numa segunda fase, o governo do estado criou mecanismos para que professores primários fossem comissionados a fazer os cursos da faculdade. Gioconda Mussolini foi uma estrela entre esses professores e lecionou na área de antropologia da USP. Essas novas turmas ocuparam o terceiro andar da Escola Normal Caetano de Campos, na praça da República. Depois, outras turmas regulares também tiveram aulas nessas instalações.

Os professores franceses da universidade hospedavam-se no Hotel Esplanada, atrás do Teatro Municipal, para onde acorriam alunos selecionados para se iniciarem no debate intelectual.

Em 1938, Roger Bastide veio ocupar a cátedra de sociologia I, deixada vaga por Lévi-Strauss. Foi inovador ao relacionar a sociologia com os outros ramos do saber e desenvolver a pesquisa de campo.

> "A contribuição que Roger Bastide trouxe às ciências sociais brasileiras constituiu, primeiramente, o precioso elo que estabeleceu entre os sociólogos nacionais dos primeiros tempos, que vão desde 1870 a 1940 aproximadamente, e os que vieram em seguida à fundação da Universidade de São Paulo, passando pelo departamento de ciências sociais ou pela Escola Livre de Sociologia e Política, fundada um ano antes. [...] Ele formou aqui uma primeira turma de cientistas sociais, cujas obras, voltadas para problemas

Escola de Sociologia e Política

Após a revolução de 1932, qualquer veleidade paulista de liderar politicamente a nação, na trilha do desenvolvimento, desapareceu. A solução pedagógica era a única alternativa e esse pensamento gestou a Escola de Sociologia e Política.

Existiam ligações com os grandes centros acadêmicos ingleses e o dr. Donald Pierson estava em São Paulo. Antônio Rubbo Müller obtivera uma bolsa de estudos na Universidade de Oxford para estudar sob a orientação do antropólogo social A. R. Radcliffe-Brown, que decidiu dar aulas na Escola de Sociologia e Política. Assim, essa inclinação, facilitada pela guerra, foi fundamental no desenvolvimento teórico dos alunos. A presença do professor Radcliffe-Brown resultou no apoio do recém-criado Institute of Social Anthropology do Smithsonian Institute, em 1941. O dr. Julian Steward incluiu a Escola de Sociologia e Política entre os três centros de pesquisa social na América Latina a receberem professores e suporte material do Smithsonian, em projeto que durou até 1953. Os dois professores que executaram o convênio dr. Donald Pierson e dr. Kalervo Oberg treinaram alguns dos nossos mais distinguidos alunos e realizaram, com a cooperação de seus colegas brasileiros e auxílio de nossos estudantes, numerosas pesquisas que resultaram em valiosas publicações sobre a sociedade brasileira em diversas áreas do território nacional.

Cyro Berlinck

Trechos de discurso no 40º aniversário da Escola de Sociologia e Política, em 1973

os mais variados, revelam uma faceta muito importante do mestre: a liberdade que dava aos seus alunos."

Maria Isaura Pereira de Queiroz[26]

As duas novas instituições rapidamente passaram a produzir conhecimento e a formar pensadores e cientistas. Na Escola de Sociologia e Política, Herbert Baldus, o introdutor da etnologia no Brasil, orientou Florestan Fernandes em sua tese de mestrado, *Organização social dos tupinambá*. Mais tarde seriam professores ali Candido Procópio Ferreira de Camargo, Juarez Brandão Lopes e Virginia Bicudo.

A visão de mundo anglo-saxã da sociologia e política articulava-se com a formação europeia continental privilegiada da Universidade de São Paulo que, no departamento de ciências sociais, formou Antonio Candido de Mello e Souza, Florestan Fernandes, Lourival Gomes Machado e Egon Schaden, entre outros.

Ao deslocarem o foco de interesse das classes dominantes para as dominadas, essas duas instituições foram responsáveis por uma significativa renovação dos estudos políticos, sociológicos e antropológicos. A nova perspectiva já era clara no início da década de 1940. Pela mão dessa geração de intelectuais, formados para o conhecimento, surgia um Brasil inédito, realista e desmistificado.

Com o fim da Segunda Guerra Mundial e a queda da ditadura Vargas, o ano de 1945 plantou um marco divisório na história daquele período, colocando novos temas na pauta do debate intelectual e das ciências humanas.

No plano internacional, discutiam-se as estratégias para reorganizar o mundo livre. Ficava evidente a necessidade de aprofundar o conhecimento sobre as sociedades subdesenvolvidas para modernizá-las. No Brasil, a questão principal girava em torno da reorganização política e da estruturação de novos projetos de desenvolvimento. Na euforia da democratização se criaram partidos políticos, realizaram-se eleições livres e uma nova Constituição foi elaborada e promulgada.

Pensar o Brasil

Era uma época prolífica e não só na academia se gestava o pensamento. Desde o final dos anos 1930 estavam circulando algumas obras seminais: Casa grande e senzala *(1933) e* Sobrados e mocambos *(1936), de Gilberto Freire,* Raízes do Brasil*, de Sérgio Buarque de Hollanda (1936), e* Formação do Brasil contemporâneo*, de Caio Prado Jr. (1942). Os dois últimos moravam em São Paulo e participavam do debate local.*

Na década de 1940 surgiu a revista Clima *publicada por um grupo de intelectuais paulistanos ligados à USP. Antonio Candido de Mello e Souza, Decio de Almeida Prado, Lourival Gomes Machado e Paulo Emilio Salles Gomes desenvolveram até 1968 essa publicação cultural, crítica e inspiradora.*

Em 1949 foi publicado mais um livro-chave para a compreensão do país: Coronelismo, enxada e voto*, de Victor Nunes Leal, que marcou o início dos diagnósticos sobre o subdesenvolvimento brasileiro: o coronelismo, o clientelismo, o patrimonialismo.*

A abertura democrática impulsionou ainda mais a economia e criou canais para a participação dos cidadãos. Surgiram novas possibilidades de inserção social e os estudantes ampliaram o seu papel no cenário nacional. O estado de São Paulo entrava fortalecido no novo contexto. Seu papel na oposição à ditadura fora relevante e a situação de guerra dera novo impulso à industrialização, impondo a substituição de importações. A população da capital crescia geometricamente e a cidade se tornava efetivamente uma metrópole.

Em 1949, o XI Congresso Nacional de Estudantes, no Rio de Janeiro, congregou representantes de quase todas as escolas superiores do país. Nesse mesmo ano o estado de São Paulo comprou as instalações do Liceu Rio Branco, na rua Maria Antônia, onde instalou as seções de Ciências e Letras, da Faculdade de Filosofia. Lá cresceu a segunda geração dos alunos, uma comunidade integrada, plena de fervor, interdisciplinaridade, politização e espírito corporativo, que a tornou singular.

A Faculdade de Filosofia, Ciências e Letras da USP era um polo atraente para a intelectualidade crítica, que começava a contestar os estudos consagrados em sociologia. Era um local de muito interesse para jovens inteligentes e idealistas. Estudar lá era uma escolha acertada para quem queria conhecer o Brasil e estudar formas de combater suas desigualdades sociais.

> "O que me fez optar por ciências sociais foi meu interesse por literatura e filosofia. Eu sou de Araraquara e lá eu conhecia, de maneira distante, as figuras de Antonio Candido e Gilda Mello e Souza, que me atraíam para esse lado."
>
> RUTH CARDOSO[27]

A turma de 1949 do curso de ciências sociais na Faculdade de Filosofia, Ciências e Letras da USP reunia Ruth Corrêa Leite, que entrara em primeiro lugar, Fernando Henrique Cardoso, Maria Alice

Mencarini, Maria Sylvia Carvalho Franco e Octavio Ianni. Todos haviam sido aprovados em rigoroso processo de seleção vocacional, em que os exames orais tinham peso decisivo. E começaram uma convivência prolífica com os novos mestres, muitos deles ainda jovens, formados nos primeiros anos da universidade.

> "Em 1949 publiquei numa revista especializada de São Paulo um artigo onde dizia que a sociologia podia ser três coisas: uma ciência, uma técnica social e um ponto de vista. Para muitos de nós, foi ponto de vista, que nos serviu para focalizar a literatura, a arte, o teatro, a história, para cujo cultivo exclusivo acabamos muitos de nós por transitar. O grande feito de Florestan Fernandes foi desenvolver a sociologia como ciência que exige concentração total, sem admitir as combinações de objeto de estudo, segundo a tradição brasileira. [...] Ele foi sem dúvida o primeiro sociólogo 'puro' da nossa geração, como Egon Schaden foi o primeiro antropólogo nas mesmas condições."
>
> Antonio Candido de Mello e Souza[28]

Em 1951, no prédio da Rua Maria Antônia, passaram a funcionar os cursos de ciências sociais, pedagogia, filosofia, história e geografia, física, matemática e letras. Nesse ambiente pequeno e exclusivo, os estudantes absorviam a experiência cosmopolita e o conhecimento de mestres estrangeiros como Paul Hugon, Roger e Paul Bastide e Emilio Willems – como mais tarde Claude Lefort e Alain Touraine – e partilhavam o entusiasmo das descobertas com os professores que ali lecionavam e formavam bons alunos, que desenvolveram o olhar crítico e se debruçaram sobre os problemas do país.

No primeiro ano do curso de ciências sociais, o professor Egon Schaden apresentava a temática antropológica. No final do ano, ao terminar o curso Organização Social dos Povos Primitivos, Ruth já tinha um rumo.

A década de 1950

A década de 1950 foi emblemática, um período de crescimento criativo na cidade de São Paulo. Festejava-se o cinema, o teatro, a dança e a música popular. A I Bienal Internacional apresentou a arte moderna ao grande público, abriram-se as portas do Museu de Arte de São Paulo e do Museu de Arte Moderna.

Em 1954 a cidade comemorou seu IV Centenário, quando foi inaugurado o Parque do Ibirapuera, desenhado por Oscar Niemeyer. Com três milhões de habitantes, vinte mil empresas industriais e cerca de oitocentos mil operários, São Paulo encerrou a festa do dia 25 de janeiro com uma "chuva de prata" – pequenos triângulos de papel de alumínio, lançados por aviões que sobrevoaram o centro. Vivia-se a contemporaneidade, a abertura para o mundo e o trabalho.

Em 1956 Juscelino Kubitschek assumiu a Presidência da República, com a proposta de realizar "cinquenta anos em cinco". Em tempo recorde, mudou a capital para Brasília e inaugurou uma nova era. A indústria automobilística se instalou em São Paulo e a produção industrial se diversificou. A classe média se expandiu, aproveitando novas oportunidades de trabalho, estudo, especialização e prestação de serviços.

Mudava o país e também mudavam os pensadores. Em 1959 foi publicada a primeira edição de Os donos do poder, *de Raymundo Faoro. Novos parâmetros eram usados para a interpretação do Brasil e indicavam quais seriam os impasses na modernização do país.*

> "No segundo ano tivemos aula com o Roger Bastide, que tinha na verdade uma cabeça de antropólogo. Foi com ele que nós aprendemos a fazer pesquisa [...]. Íamos com Bastide visitar favelas. [...] Assim achávamos que estávamos dando um passo à frente para que a antropologia encarasse outros temas que não os das sociedades indígenas."
>
> RUTH CARDOSO[29]

Para melhor entender as leituras necessárias à formação teórica, Ruth, Fernando Henrique, Florestan Fernandes, Maria Sylvia de Carvalho Franco e Renato Jardim Moreira decidiram estudar alemão. Encontraram Wilheim Trekster, um professor prussiano e aristocrata que os recebia em casa. Estudaram com ele cerca de três anos.

Foram anos muito especiais de formação. Discutiam literatura, teatro, política; trabalhavam com prazer e tornaram-se amigos para toda a vida. Ruth não se envolveu no cotidiano do movimento estudantil, embora participasse de atividades ligadas ao momento político nacional, como a campanha do petróleo, entre outras. Estava lá para estudar e aprender. Conhecer a realidade brasileira em profundidade era uma condição essencial para pensar em formas de transformá-la.

No último ano da faculdade, Ruth deu aulas de história no segundo grau do Colégio Estadual Fernão Dias Paes, onde foi professora de Leôncio Martins Rodrigues. Pouco mais tarde, voltou a encontrá-lo na Secretaria Estadual do Trabalho onde era técnica e, ele, estagiário. Ruth o encaminhou para o curso de ciências sociais. Transformou seu futuro e a USP ganhou um mestre valioso.

Ruth Corrêa Leite graduou-se em ciências sociais em 1952. No ano seguinte, casou-se com Fernando Henrique Cardoso. Eles elegeram suas missões de forma complementar: Fernando Henrique analisava os processos sociais e seus fatores de mudança do ponto de vista da sociologia, enquanto Ruth se dedicava à diversidade das culturas, às maneiras de ser ou não ser, caras à antropologia. Entre o longínquo e o imediato, o amplo e o pequeno, construíram suas brilhantes trajetórias.

> "Ao concluir o curso universitário fiz concurso para um núcleo de mercado de trabalho na Secretaria do Trabalho, em São Paulo. Foi trabalhando lá que participei da primeira pesquisa de mercado de trabalho, em 1954. Meu interesse foi sempre mais amplo e multidisciplinar. [...] É bom ter perspectivas diferentes."
>
> RUTH CARDOSO[30]

Entre 1955 e 1957, ela viajava semanalmente para Sorocaba, onde era professora da cadeira de antropologia, etnografia geral e do Brasil, da Faculdade Municipal de Filosofia, Ciências e Letras.

Entre 1956 e 1958 também foi professora da cadeira de sociologia educacional do curso de formação de desenho na Fundação Escola de Comércio Álvares Penteado (Fecap). Nessa época, trabalhava no Largo de São Francisco e se familiarizou com a agitação do centro da cidade de São Paulo.

Em 1957 foi convidada por Egon Schaden – juntamente com Eunice R. Durham – para ser assistente voluntária na cadeira de antropologia. Ensinaram sem nada receber por três anos, até serem nomeadas em 1960, procedimento comum naquele tempo, pois as contratações dependiam de abertura de concurso.

Trabalhavam ao lado de Gioconda Mussolini e muito puderam aprender com sua erudição e rigor na pesquisa empírica. O longo trabalho dessa mestra sobre as populações da Ilhabela e a permanência frutífera no campo de pesquisa foram marcantes na trajetória acadêmica de Ruth Cardoso.

De 1958 a 1960, Ruth trabalhou com Fernando de Azevedo, que dirigia o Centro Regional de Pesquisas Educacionais (CRPE), inspirado por Anísio Teixeira, com quem Darcy Ribeiro colaborava, e que era ligado ao Ministério da Educação. Ruth e Célia Galvão trabalhavam na mesma sala e ficaram amigas, amizade que se estendeu aos filhos de idade semelhante.

Paralelamente, Ruth continuava sua formação teórica. A partir de 1958, integrou o grupo de estudos de *O capital*, de Karl Marx, criado por iniciativa de José Arthur Giannotti, do curso de filosofia. O grupo se reunia aos sábados à noite, na casa dos Cardoso. Cada um expunha um capítulo previamente determinado; seguiam-se discussões acaloradas e depois jantavam juntos e continuavam a conversar até tarde, quase sempre sobre política.

Dessas reuniões participavam professores que se revelariam membros destacados da *intelligentsia* brasileira: Paul Singer, da economia; Octavio Ianni, Fernando Henrique, Ruth Cardoso e Juarez Brandão Lopes, das ciências sociais; Fernando Novais, da história. Mais tarde, Bento Prado, da filosofia, Roberto Schwarz, sociólogo, Paulo Alves Pinto, economista, e Francisco Weffort, cientista político, juntaram-se ao grupo. Era um esforço de leitura sério, moderno e crítico de *O capital*. Eles procuravam compreender a dinâmica capitalista e observá-la na realidade brasileira, numa perspectiva que Roger Bastide chamaria de "marxismo tropical".

> "Sem arrogância teórica, [Ruth] esteve sempre voltada para as discussões sobre questões de método e pesquisa. Como boa parte de sua geração, estudou e participou de grupos de debate sobre marxismo, mas foi também uma leitora sistemática de Lévi-Strauss, assim como de outras tradições intelectuais, como a Escola Socioantropológica de Chicago."
>
> GILBERTO VELHO[31]

O ambiente na Maria Antônia era inspirador e seleto. As presenças de Eurípedes Simões de Paula, Cruz Costa e Sergio Buarque de Hollanda contribuíam para ampliar as interações intelectuais.

Ainda não se vivia numa sociedade de massas e o contato pessoal estimulava o aprendizado.

Os estudantes se encarregavam de esquentar a temperatura. Em 1956, organizaram manifestações pela autonomia da USP, envolvendo vinte mil universitários. Em 1959, já reivindicavam o de sempre: mais professores e mais verbas. Logo depois, entravam em greve na Maria Antônia.

Nesse ano Ruth concluiu o mestrado em antropologia com a dissertação *O papel das associações juvenis na aculturação dos japoneses*, um estudo sobre minorias e sua inserção social. Naquele tempo, o mestrado era bastante ligado ao doutorado: ela manteve seu interesse nos japoneses e recomeçou a pesquisa em 1963, com o auxílio de uma bolsa que lhe permitiu contratar duas pessoas – Renate Viertler e Yukio, um nissei que falava japonês e a ajudou com as entrevistas. Em 1964 terminou a pesquisa para o doutorado, mas o destino a afastou temporariamente do projeto.

Na década de 1960 muitos professores da USP uniram-se a uma grande experiência política nacional: o movimento pela ampliação da escola pública, inspirado por Fernando Azevedo, Florestan Fernandes e apoiado pelo jornal *O Estado de S. Paulo*. Surgiram diversas ideias visando ao resgate de jovens e adultos excluídos do sistema escolar público vigente. Encaminharam abaixo-assinados à Câmara dos Deputados, em defesa da escola pública.

A USP também teve participação de destaque no debate sobre a reforma universitária. Organizou-se um grupo de professores ligados às várias faculdades, encarregado de acompanhar as iniciativas sobre o assunto. Havia projetos originais formulados nas Faculdades de Filosofia, Medicina, Engenharia, Direito, Arquitetura. A professora Emília Viotti da Costa, do curso de história, era responsável por coordená-los para que, ao final, apresentassem ao governo um projeto de reforma da Universidade que nascera das bases. Isso nunca aconteceu. Todos os anteprojetos foram atalhados após o golpe de 1964.

É bom lembrar

Estou falando da década de 1960 do século passado, quando o nosso mundo era muito diferente. Éramos um grupo formado por professores e alunos de política, filosofia, história, sociologia e antropologia – por vezes mesmo matemáticos e físicos – enfim, o núcleo central da Faculdade de Filosofia, a famosa Maria Antônia. Tínhamos também alguns bons vizinhos, porque existia a FAU *na rua Maranhão e a Economia, na rua Dr. Vila Nova. Obviamente, tudo isso acontecia antes do golpe de 1964 e da grande batalha campal de 1968.*

Sem dúvida havia algo poderoso que nos unia, que nos tornava um grupo. Era a política, tudo passava pela política. Estávamos preocupados com a teoria, a história, a metodologia, mas, sobretudo, queríamos entender o Brasil.

O seminário de Marx dera cria. Formávamos seminários, grupos de discussão para ler Marx, o recém-saído livro de Sartre A crítica da razão dialética, *ou simplesmente para discutir em torno de* A formação econômica do Brasil, *do Celso Furtado.*

Tínhamos nossos especialistas de plantão. Podíamos sempre contar com o Bento Prado, como o filósofo explicador, e o Fernando Novais, que não nos deixava cometer barbaridades históricas. Estudávamos Marx e Weber para aprender a pensar e líamos Caio Prado, Celso Furtado e Sergio Buarque de Hollanda para aprender o Brasil.

A faculdade era nossa segunda casa. Sentíamos como se ela fosse nossa. Nossos amigos eram os nossos colegas. O saguão da Maria Antônia era o grande ponto de encontro, onde conversávamos com os antigos mestres, ainda portando seus aventais brancos.

A faculdade era também o lugar onde os professores de toda a USP *se reuniam para promover qualquer manifestação política. Às vésperas do golpe de 1964 houve uma grande reunião para saber se faríamos um manifesto de apoio a Jango Goulart ou se deveríamos criar uma* CGTI, *para arregimentar os assim chamados trabalhadores intelectuais. Por sorte o manifesto, com mais de trezentas assinaturas, não chegou a ser publicado, pois o golpe aconteceu dois dias depois.*

CÉLIA GALVÃO QUIRINO

Em outra frente, o Centro de Sociologia Industrial e do Trabalho (Cesit) – criado em 1961, sob a direção de Fernando Henrique Cardoso, ligado à cátedra de Florestan Fernandes e extinto em 1969 – postulava um projeto de intervenção racional sobre a realidade social. Um grupo de sociólogos liderados por Florestan defendia o planejamento democrático da atividade estatal. Esse projeto também não se concretizou.

Ruth e Fernando Henrique integravam a vanguarda acadêmica e cultural da cidade. Ensinar era uma profissão respeitada e influente. Os professores tinham salário razoável, estabilidade e tempo para continuar a estudar, atender aos alunos e orientá-los em suas carreiras.

No final de 1961 o casal foi pela primeira vez à Europa visitando a França e a Itália. Estiveram em Florença com Lucia e Bento Prado, além de Giannotti, o organizador dos roteiros dos museus, que conhecia em profundidade; ele tirava os amigos da cama e da mesa, para que aproveitassem a temporada. Passaram o Natal em Roma, ainda uma cidade aberta e com poucos turistas. De volta a Paris, Ruth frequentou, no primeiro semestre de 1962, o seminário de Claude Lévi-Strauss sobre antropologia estrutural, na École Pratique des Hautes Études en Sciences Sociales. Entrava em contato com o estruturalismo, uma influência teórica que no Brasil, até então, pertencia ao domínio dos filósofos.

Em 1964 a ordem democrática brasileira foi novamente rompida. Os militares assumiram não apenas os poderes de estado, mas passaram a ditar sua própria versão de projeto de nação. Após o golpe, Fernando Henrique, como tantos outros intelectuais de esquerda, sofreu ameaças e deixou o país com a família.

Passaram quase quatro anos no Chile, onde continuaram as atividades acadêmicas e conviveram intimamente com outros intelectuais brasileiros exilados, entre os quais Vilmar Faria, que ainda era estudante. Trabalharam juntos em projetos de pesquisa e na universidade, compartilhando interesses. Giannotti, recém-casado com Lupe Cotrim Garaude, visitou-os e constatou a alegria de Ruth nesse quadro da vida.

Fernando Henrique trabalhou na Comissão Econômica para a América Latina (Cepal), criada para incentivar o planejamento das economias da região. Ali se gestou a "teoria da dependência", que introduziu a matriz do pensamento de Raul Prebisch na análise sociológica.

Em Santiago, entre 1965 e 1967, Ruth lecionou antropologia na Facultad Latinoamericana de Ciências Sociales – Flacso, na Universidade do Chile, onde ministrou um curso sobre Lévi-Strauss, na época ainda desconhecido dos estudantes chilenos. Ensinou também na Escola de Sociologia da Universidade Católica. Em ambas participou como professora visitante e esse foi um momento rico para sua vida intelectual.

O casal conquistou a liderança no grupo intelectual em que circulava. A experiência acadêmica alimentava a percepção existencial: ambos se reconheceram latino-americanos. Enzo Faletto foi um grande companheiro desse momento.

> "Ruth era docente na Universidade e foi de certo modo a difusora de Lévi-Strauss no Chile [...]. Ela dirigiu um seminário sobre *O pensamento selvagem* de Lévi-Strauss. Como eu era muito amigo de Ruth, tínhamos reuniões e, depois, quando trabalhávamos no livro *Dependência e Desenvolvimento,* nos juntávamos à noite em sua casa. E era fácil escrever o livro: davam-me duas garrafas de vinho para que eu falasse, ou seja, como brincava Ruth: 'Faletto fala e Fernando pensa...' e isso até tarde."
>
> Enzo Faletto[32]

Em 1967, atendendo a um convite de Alain Touraine, Fernando Henrique foi lecionar sociologia na Universidade de Paris, em Nanterre. Ao final de seis meses Ruth voltou ao Brasil com os filhos. Fernando Henrique ainda ficou um tempo em Paris, lecionando e escrevendo a tese para concorrer à cátedra de ciência política na USP. Em maio de 1968 testemunhou as manifestações estudantis e os embates com a polícia, no entorno da Sorbonne. Em julho estava de volta a São Paulo para defender a tese.

A onda de protestos que havia atingido a França levantou também a juventude brasileira. Nesse caso, o alvo principal era bem definido: o governo militar instalado em 1964. Os enfrentamentos haviam começado em 1968 e os jovens eram claramente contra o autoritarismo. As palavras de ordem clamavam pelo restabelecimento das liberdades democráticas e pela suspensão da censura à imprensa, também reivindicavam a concessão de mais verbas para a educação.

Enfatizavam a necessidade de reforma do ensino superior, de forma a democratizar a universidade, aumentando o número de vagas e de professores. As maiores críticas visavam ao Acordo MEC-USAID, recém-firmado pelo governo federal com a United States Agency for International Development (USAID). Além de ferir a autonomia universitária, o acordo estimulava a privatização do ensino superior.

A revolta dos jovens foi intensa. Desde março, após a morte do estudante Edson Luís Lima Souto, o protesto tomara conta das ruas e vinha sendo intensamente reprimido em São Paulo e no Rio – onde em 26 de junho aconteceu a "Passeata dos Cem Mil". Em julho, os estudantes paulistas ocuparam o prédio da Faculdade de Filosofia, Ciências e Letras da USP e formaram grupos, com a participação de professores e funcionários, para discutir a reforma universitária.

No começo de outubro, quando Ruth e Fernando Henrique já estavam de volta à ativa na faculdade, sucederam-se em São Paulo as manifestações que culminaram na luta entre os estudantes da USP e os do Mackenzie, que ocupavam lados opostos na ideologia e nas calçadas da rua Maria Antônia.

Exercício democrático na Maria Antônia

Eram os idos de 1968 e a Faculdade de Ciências Sociais da USP *ainda ficava na legendária rua Maria Antônia. Em busca de uma idealizada revolução social, nós, estudantes, propusemos mais uma ação de resistência à ditadura militar. Alunos, professores, funcionários, juntos formamos comissões paritárias, dispostas a redesenhar os processos decisórios e a gestão da nossa escola. A tentativa não ultrapassou três ou quatro reuniões, esmagada pelo ambiente hostil e pela nossa própria inexperiência em lidar com a participação.*

Mas, para mim, foi a primeira e marcante aprendizagem do exercício democrático. Cada grupo teria um coordenador-docente e a nós foi designada a nossa professora de antropologia, Ruth Corrêa Leite Cardoso. Ela foi uma das poucas pessoas a descer do Olimpo acadêmico, à época reservado aos professores universitários, para conosco experimentar a temerária vivência da igualdade e da liberdade, no contexto rigidamente hierarquizado da Faculdade de Filosofia, Ciências e Letras.

Rosa Maria Fischer

A guerra da Maria Antônia

*A Faculdade de Filosofia ficava em frente ao Mackenzie, que concentrava os estudantes ligados ao Comando de Caça aos Comunistas (*CCC*). A animosidade entre os dois grupos era antiga. O prédio da Filosofia já fora pichado pelo* CCC*. O grêmio fora depredado em 1964 e novamente em 1967. Mas, naquele 2 de outubro de 1968, a rua Maria Antônia virou um campo de batalha.*

A Faculdade de Filosofia foi ocupada pelos alunos que se postaram em sua defesa. Os mackenzistas favorecidos pela posição estratégica do terreno do Mackenzie, que ficava em plano mais alto, atiravam coquetéis molotovs*, bombas de gás de fabricação americana, pedras e tochas acesas que iniciaram vários focos de incêndio no prédio atacado. A luta durou dois dias. A polícia partiu em defesa do Mackenzie e reprimiu com violência os estudantes da Filosofia e seus professores. Muitos foram feridos, alguns chegaram a ser presos, outros levaram pancadas em meio a um "corredor polonês".*

Os professores da Faculdade de Filosofia, Ciências e Letras da USP *dirigiram-se ao governador Abreu Sodré e ao secretário da Segurança Pública Hely Lopes Meirelles, pedindo proteção contra a violência e repudiando a ação da polícia. Divulgaram também um manifesto, denunciando publicamente que o conflito não era uma luta limitada a grupos de duas escolas.*

Entre as feridas abertas pela batalha contavam-se a morte do estudante secundário José Guimarães, de vinte anos, e o prédio da Filosofia destruído. Uma parte dos arquivos de pesquisa de Fernando Henrique Cardoso foi queimada por um coquetel molotov*. A escola foi transferida para a Cidade Universitária. Esvaziou-se a Maria Antônia e seu espírito: a violência venceu!*

> "Sabe-se que quando o Estado perde o monopólio da violência e se apóia em grupos minoritários para realizar uma repressão que não pode exercer por seus próprios meios e dentro das normas que o regem, é porque sua própria estrutura está prestes a ser revolucionada."
>
> José Arthur Giannotti[33]

O conflito deixou um rastro de destruição e posições cada vez mais extremadas, de lado a lado. Dez dias depois a polícia invadiu o clandestino XXX Congresso da União Nacional dos Estudantes, em Ibiúna, prendendo as principais lideranças estudantis brasileiras, entre as quais Luís Travassos e José Dirceu. O desfecho de 1968, ano violento, foi o radical encerramento das liberdades civis no país, com o Ato Institucional nº 5, decretado em 13 de dezembro de 1968.

A vida na Faculdade de Filosofia da USP continuava, com muitas dificuldades. O curso de ciências sociais foi transferido para o prédio da História e Geografia, na Cidade Universitária. Isolados, espremidos em casa alheia, bem-recebidos, mas atrapalhando, os professores tentavam ensinar e os alunos tentavam aprender.

Em 1969, os programas do curso de ciências sociais haviam sido alterados e as aulas transferidas para barracões pré-fabricados, com teto de zinco, na Cidade Universitária. Nessas instalações, alunos e professores tinham penosas condições de trabalho. Quando chovia, o barulho da água batendo no teto de zinco impedia as classes de ouvirem a voz dos professores. Os barracões eram insuportavelmente quentes no verão, gelados no inverno e passíveis de controle total pela repressão nos portões de metal que fechavam as alas.

Fernando Henrique havia conquistado a cátedra de ciência política em 1968, mas no ano seguinte foi aposentado compulsoriamente, com base no AI-5. A USP foi duramente atingida pelo golpe: setenta de seus mestres foram aposentados.

> "Logo após o AI-5 que dizimou o corpo docente da USP com perseguições, aposentadorias compulsórias, prisão e tortura, alguns de nós, pensando em pedir demissão coletivamente em solidariedade aos colegas 'aposentados', nos reunimos. Ruth discordou e disse que não deveríamos deixar nossos cargos, pois seriam ocupados imediatamente por indicados pelos militares no poder. Resistir era mais importante que abandonar a universidade, claro que mantendo integralmente nossa tão perseguida forma de ensinar e a bibliografia tida como subversiva pelos incultos autoritários. Assim foi nossa resistência até a anistia, quando alguns professores começaram lentamente a voltar e a democracia, a se recompor."
>
> EVA BLAY[34]

Sob o impacto das aposentadorias, os professores rapidamente se organizaram em reunião na casa dos Cardoso. A iniciativa era transgressora e demandava coragem. A repressão proibia reuniões de caráter político. Entretanto, um a um, foram chegando os resistentes à casa do Morumbi. Atenta ao movimento, à medida que as pessoas iam entrando, Ruth acalmava os ânimos, com o costumeiro bom-senso. O dono da casa liderava a assembleia: – Não quero e não devemos ir para o exílio. Temos que resistir aqui.

O debate foi tenso. Haveria divisão se parte dos professores permanecesse nas instituições e outra parte atuasse fora? Luiz Hildebrando argumentava que o pessoal da Faculdade de Saúde Pública precisava de retaguarda forte, bons laboratórios, instrumentos caros e pesquisas longas. O pessoal da física concordava. E os que precisavam sair, para onde iriam? Precisavam criar uma organização nova. De que modelo? Com que suporte financeiro?

> "Foi quando decidimos fazer o Cebrap, decisão difícil porque implicava o apoio da Fundação Ford. No Brasil isso era pecaminoso. Eu vinha de um outro mundo, onde não seria pecado, mas aqui era."
>
> FERNANDO HENRIQUE CARDOSO[35]

Fernando Henrique decidiu telefonar para a Fundação Ford. Pediu para falar com Richard Morse, eminente historiador e brasilianista. Acompanhando o diálogo, a assembleia silenciou. Momentos depois, entraram em euforia: o financiamento de um centro de estudos independente era possível! Gestava-se o Cebrap.

Além dos recursos da Fundação Ford, o centro recebeu apoio de personalidades nacionais, como Severo Gomes, Paulo Egydio Martins e José Mindlin, entre outros.

O novo Centro Brasileiro de Análise e Planejamento tinha como objetivo realizar estudos acadêmicos sobre a realidade brasileira. Ali se reuniram sociólogos, cientistas políticos, filósofos, economistas, historiadores, antropólogos e demógrafos.

Com Lucio Kowarick e o apoio do Cebrap, Ruth Cardoso foi ao Rio de Janeiro, em 1974, apresentar à Fundação Ford o projeto de pesquisa *Integração e desintegração das populações marginais*. Conseguiram os recursos necessários e esse relatório constituiu o núcleo de conhecimento de vários trabalhos futuros sobre o enfrentamento da pobreza no país.

> "Fruto de um crescimento metropolitano anárquico, onde a valorização da terra tende a expulsar as populações que não podem pagar o preço de um progresso predatório e marginalizador, os bairros populares têm se tornado foco de tensão e reivindicação, o que, sem dúvida, foi agravado pela crise econômica que marca a história brasileira desde os inícios dos anos 1980."
>
> LUCIO KOWARICK[36]

Com sua atividade de pesquisa, rigorosa e crítica, o Cebrap viria a transformar-se em um dos principais núcleos da resistência à ditadura, tendo sofrido um atentado à bomba em 1976. Ali os pesquisadores produziam e difundiam conhecimento, estruturando um novo projeto de desenvolvimento para o Brasil.

Fundadores do Cebrap

Antonio Ignácio Angarita Ferreira da Silva
Betty Mindlin
Beatriz Muniz de Souza
Cândido Procópio Ferreira de Camargo
Carmen Sylvia Junqueira
Celso Lafer
Elza Berquó
Esdras Borges Costa
Eunice R. Durham
Fernando Henrique Cardoso
José Arthur Giannotti
Juarez Brandão Lopes
Leôncio Martins Rodrigues Neto
Manoel Tosta Berlinck
Mauricio Segall
Oswaldo Herbster de Gusmão
Paul Singer
Paulo Sandroni
Pedro Paulo Poppovic
Rubens Murillo Marx
Ruth Cardoso
Waldomiro Pecht

O Cebrap consolidou-se como fórum de debates, pesquisas e planejamento. Foi a principal plataforma de estudos e projetos visando ao fortalecimento dos movimentos populares e sociais, os novos atores na luta pela democracia e pelo desenvolvimento com equidade. Nesse contexto, pouco a pouco os intelectuais aprenderam a conviver com outra realidade, para além da academia. Incorporaram novos conceitos e abriram-se para temas diversos.

Sua produção tornou-se referência para o conhecimento da realidade brasileira no país e no exterior. A denúncia do regime foi clara, evidente e exemplar no estudo solicitado pela Igreja Católica e coordenado por Vinícius Caldeira Brant: *São Paulo 1975, crescimento e pobreza*, um libelo contra o "milagre brasileiro" e um demonstrativo das alianças na oposição.

> "Haveria uma ordem na desordem estabelecida? Existe crescimento econômico que se constrói sobre a dilapidação da vida dos trabalhadores obrigados a horas excessivas de trabalho, para compensar a queda do poder aquisitivo dos seus salários?"
>
> PAULO EVARISTO, CARDEAL ARNS[37]

No Cebrap, a partir de 1983, Ruth Cardoso era uma presença importante com seu comedimento e bom-senso, aliados à capacidade e conhecimento expressivos. Foi convidada por Cândido Procópio chefiar um projeto de pesquisa em seis bairros da periferia, custeado pela Comissão dos Direitos Humanos, entre 1982 e 1983. Teresa Caldeira e Antonio Flávio Pierucci trabalharam nesse projeto. Os estudos sobre urbanização a aproximaram ainda mais de Vilmar Faria, ambos entusiasmados com ideias novas e rigor metodológico.

Em 1984 Giannotti aposentou-se na USP e dispôs-se a fazer do Cebrap um centro de estudos avançados. Nesse mister ele dirigiu a casa durante 11 anos. Para Ruth Cardoso, o centro construiu a ponte entre a vida acadêmica e a vida pública, embora só se tornasse parte

A carreira acadêmica de Ruth Cardoso

Ruth Cardoso teve um papel marcante no desenvolvimento da antropologia no Brasil. Sua carreira como antropóloga foi marcada pela estreita colaboração com Eunice R. Durham. Ingressaram ao mesmo tempo na antiga cadeira de antropologia da USP, partilharam a mesma sala durante anos, período no qual juntas criaram novas disciplinas, modernizaram a bibliografia e introduziram novos métodos pedagógicos. Além disso, desenvolvendo linhas de pesquisa paralelas e complementares e dialogando constantemente sobre os resultados alcançados, ampliaram o alcance de sua produção intelectual individual.

Característica importante de suas carreiras foi a grande importância que atribuíam ao ensino e às atividades de formação de estudantes, não só os de mestrado e doutorado, mas também os de graduação, orientando-os para trabalhos de pesquisa e para a graduação. Na pós-graduação criaram um seminário interdisciplinar com todos os seus orientandos, incluindo tanto a formação teórica como a discussão das pesquisas em andamento. O grupo produziu diversas dissertações de mestrado e teses de doutorado que não são trabalhos estritamente individuais, mas dialogam uns com os outros. A antropologia urbana brasileira é, em grande parte, fruto dessa atuação na USP e no grupo de trabalho criado na Anpocs sobre essa temática.

Trabalhar com Ruth era uma permanente aventura intelectual e foi isso que lhe angariou um número tão grande de discípulos e admiradores. Ruth foi, de fato, responsável pela formação de boa parte de uma geração de antropólogos. Muitos professores e pesquisadores do Museu Nacional, de Campinas e da USP *trabalharam seu doutorado com ela e, em todos, ela deixou uma marca. Nenhum escapou ao seu fascínio.*

A grande importância de Ruth na formação de novos antropólogos se deve tanto às suas qualidades pessoais, que a faziam amada entre seus estudantes, como à amplitude e solidez de sua própria formação intelectual, aliada a uma vivência internacional, o que não era comum na antropologia. Ruth interagia intensamente com sociólogos, cientistas políticos, historiadores, filósofos e artistas, tanto nacionais como estrangeiros. Isso lhe permitiu transcender um certo provincianismo e um relativo fechamento da disciplina, que ameaçavam a antropologia, e alargar os horizontes de seus alunos e colegas. Ruth era uma antropóloga interdisciplinar, mas sua sensibilidade para os problemas da sociedade brasileira, sua capacidade de captar e analisar novas forças e atores sociais emergentes na sociedade em transformação, de compará-las com o que se passava no resto do mundo e incorporar as contribuições dos autores mais recentes devem muito à sua identificação com a antropologia. A antropologia brasileira deve muito a ela.

EUNICE R. DURHAM

do *staff* em 1985. Ali ela se dedicou com liberdade a questões contemporâneas que emergiam na sociedade – gênero, jovens e movimentos sociais – que não poderiam ser aprofundadas satisfatoriamente nos limites da estrutura da academia.

A notável obra demográfica de Elza Berquó e Vilmar Faria trouxe significativa contribuição para o conhecimento da realidade nacional. Os economistas do grupo de acompanhamento da conjuntura e os pesquisadores das formas emergentes de produção e de sociabilidade produziram investigações interdisciplinares relevantes. Os mestres da casa articularam-se com instituições e professores no exterior e viajaram para dar aulas, obter recursos para manter o Cebrap e difundir suas atividades e pesquisas.

Ruth permaneceu em seu posto como professora do departamento de antropologia. O regime interno da universidade havia sido mudado, as cátedras não existiam mais, uma transformação para a qual muitos professores haviam se empenhado. Em 1971, a faculdade teve sua abrangência reduzida, passando a se chamar Faculdade de Filosofia, Letras e Ciências Humanas. Nessa fase também foi criado um sistema diferente para o doutoramento, estabelecendo prazos-limite para quem quisesse terminar as teses no sistema antigo.

Os Cardoso passaram o ano de 1971 em Stanford, onde Fernando Henrique era professor visitante. Foi lá que Ruth deu novo impulso ao estudo sobre os japoneses – sua tese de doutorado – porque havia um professor japonês, Harumi Befu, que fazia algo semelhante. Isso permitiu uma ampliação do trabalho, usando o método comparativo.

Retomando a pesquisa iniciada oito anos antes, Ruth enfrentou as dificuldades que o cronograma envolvia. Seu trabalho *Estrutura familiar e mobilidade social: estudo dos japoneses no estado de São Paulo*, orientado por Eunice R. Durham, distanciava-se da perspectiva anterior de aculturação e voltava-se para a questão da urbanização, um interesse mais recente da autora. Apresentava um olhar inovador sobre a imigração japonesa e as questões das novas gerações divididas entre a tradição e a brasilidade. Entendia o dinamismo cultural e vivia o papel da intelectual na modernidade em sua atitude e forma de relacionamento.

Na USP, a partir do final da década de 1970, ela e Eunice organizaram para os alunos seminários quinzenais de pesquisa. Maria Filomena Gregori lembra-se das leituras de Alexis de Tocqueville, Lévi-Strauss, Louis Dumont e do interesse que essas discussões despertavam. Na Associação Nacional de Pós-Graduação e Pesquisa em Ciências Sociais (Anpocs), Ruth coordenou com Gilberto Velho grupos de trabalho sobre cultura e ideologia, um dos quais originou o livro *A aventura antropológica*.

> "Nessa época já havíamos entendido – diferentemente de muitos analistas – que a mudança social não ocorreria apoiada apenas em uma ação partidária, mas envolveria também os esforços da sociedade organizada."
>
> SIMONE DE CASTRO TAVARES COELHO[38]

Em 1975, Ruth enfrentou conflitos no departamento de antropologia da USP, que acabaram levando a um rompimento. Ela e Eunice R. Durham se transferiram para o Departamento de Ciência Política, dirigido por Francisco Weffort, onde ocorreu o fértil convívio com Juarez Brandão Lopes e Lucio Kowarick e um olhar voltado aos movimentos sociais urbanos, favelas e cortiços que frutificou em pesquisas e publicações.

Entre alguns colegas do departamento, Ruth amadureceu as ideias sobre as articulações entre cultura e política, e a preocupação de estabelecer nexos entre mudança cultural e ação política estaria no foco de seus projetos e investigações no Cebrap. Em 1985, foi uma das fundadoras do Núcleo de Estudos da Mulher e Relações Sociais de Gênero (Nemge) da Pró-Reitoria de Pesquisa da USP. Os estudos de gênero e a decisão de Ruth em oferecer cursos de pós-graduação com esse tema encontraram objeções na Comissão de Pós-Graduação. O apoio do Departamento foi importante nesse enfrentamento.

Ruth Cardoso permaneceu ligada ao Departamento de Ciência Política até 1994. Foi docente nos níveis de graduação e pós-graduação; diretora de seminários teóricos e de pesquisa, orientadora de teses de mestrado e doutorado.

> "Gosto de pensar que orientar é o melhor caminho para aprender. A grande vantagem de orientar é que te obriga a estudar. Tem sempre gente pesquisando coisas novas. O papel básico de um orientador, quando o aluno já tem maturidade, é um olhar informado sobre o tema."
>
> RUTH CARDOSO[39]

Ruth Cardoso era uma interlocutora aberta para os temas novos, gostava de ouvir e aprender com os jovens. Equilibrava força e doçura, ensinava e tinha humildade para escutar as diversas opiniões e incorporá-las ao debate e à construção conjunta. Além de orientadora emérita, era mestra em abrir portas e criar espaços para os orientandos. Deixou uma instigante mas compacta obra escrita, dadas as circunstâncias e opções de sua vida. O incontestável é que sua maior obra acadêmica expressou-se como professora que deixou lembranças e lições inesquecíveis. Aprendia-se tudo com Ruth, principalmente a viver.

> "Aproveitar o instrumental antropológico para estudar as classes populares nos contextos urbanos, de modo a sofisticar nossas análises dos processos políticos contemporâneos, foi certamente o desafio central que Ruth se propôs a enfrentar. Essa não foi uma tarefa fácil, pois exigiu que fossem colocadas em novos termos as fronteiras disciplinares que delimitavam áreas muito caras à ciência política e à sociologia."
>
> GUITA DEBERT, MARIA FILOMENA GREGORI
> e SIMONE DE CASTRO TAVARES COELHO[40]

Mestrandos e Doutorandos de Ruth Cardoso na FFLCH/USP

1975 – *Arthur Fauzi Eid, Mestrado, "Pelo espaço do cangaceiro, jurubeba"*

– *Gilberto Velho Cardoso Alves, Doutorado, "Nobres e anjos: um estudo de tóxicos e hierarquia"*

1976 – *Maria de Lourdes Scarfon, Mestrado, "Populações marginais no município de Piracicaba"*

– *Giralda Seyferth, Doutorado, "Nacionalismo e identidade étnica: a ideologia germanista e o grupo étnico teuto-brasileiro numa comunidade do vale do Itajaí"*

1977 – *Ligia Maria Sigaud, Doutorado, "Clandestinos e os direitos: estudo sobre trabalhadores da cana-de-açúcar de Pernambuco"*

– *Guita Grin, Mestrado, "Representações políticas no período populista"*

1978 – *José Ricardo Ramalho, Mestrado, "Mundo do crime: a ordem pelo avesso"*

1979 – *Sergio Paulo Rouanet, Doutorado, "Imaginário e poder"*

1981 – *Eduardo Piragibe Graeff, Mestrado, "Política de investimentos estrangeiros no pós-guerra; a Instrução nº 113 e as origens do modelo associado"*

1982 – *Teresa Pires do Rio Caldeira, Mestrado, "Imagens do poder e da sociedade: o mundo cotidiano de moradores da periferia"*

– *José Guilherme Cantor Magnani, Doutorado, "Festa no pedaço: o circo-teatro e outras formas de lazer e cultura popular"*

– *Mariza Corrêa, Doutorado, "Ilusões da liberdade, a escola Nina Rodrigues e a antropologia no Brasil"*

– *Maria de Lurdes Scarfon, Doutorado, "Mundo da pobreza: um estudo sobre as organizações de assistência às famílias pobres no município de Piracicaba"*

1985 – *Ana Maria Niemeyer, Doutorado, "Lugar da pobreza: moradia e controle de espaço na favela de São Paulo: 1972-1977"*

– *Neide Stercy, Doutorado, "Conflito no Araguaia (peões e posseiros contra a grande empresa)"*

– *Claudia Ribeiro Menezes, Doutorado, "Missionários e índios em Mato Grosso (os xavantes da reserva de São Marcos)"*

1986 – *Guita Grin Debert, Doutorado, "Política do significado no início dos anos 60: o nacionalismo no Instituto Superior de Estudos Brasileiros (ISEB) e na Escola Superior de Guerra"*

– *José Ricardo Ramalho, Doutorado, "Estado-patrão e luta operária: conflitos de classe na Fábrica Nacional de Motores"*

1987 – *Cláudio José T. Vouga, Doutorado, "Como num espelho, obscuramente: estudo de caso de uma fábrica e de um grupo operário"*

– *Oscar Ruben Landi, Doutorado, "A trama cultural da política: a Argentina dos anos 80"*

– *Regina Célia Reyes Novaes, Doutorado, "De corpo e alma: catolicismo, classes sociais e conflitos no campo"*

– *Maria Filomena Gregori, Mestrado, "Cenas e queixas – um estudo sobre mulheres, relações violentas e a prática feminista"*

– *Irlys Alencar Firmo Barreira, Doutorado, "Refazendo a política: as múltiplas faces dos movimentos sociais"*

– *Célia Sakurai, Mestrado, "Estudo da associação de bairro na cidade de São Paulo"*

1989 – *Danielle Ardaillon, Mestrado, "O cotidiano de mulheres profissionais: o engodo do individualismo"*

1990 – *Ana Cristina Braga Martes, Mestrado, "A institucionalização dos movimentos de reivindicação urbana – A Secretaria de Saúde e a participação popular (1979-1989)"*

1991 – *Maria Carlota de Souza Paula, Doutorado, "Oportunidades e entraves ao desenvolvimento tecnológico no Brasil: experiências da indústria aeronáutica e da indústria farmacêutica"*

– *Atílio Machado Peppe, Doutorado, "Associativismo e política na favela Santa Marta (RJ)"*

1992 – *Ana Maria Doimo, Doutorado, "Movimento popular no Brasil pós-70: formação de um campo ético-político"*

– *Simone Castro Tavares Coelho, Mestrado, "O Estado e os movimentos pró-moradia: a construção de uma relação democrática"*

1994 – *Catia Aida Pereira, Mestrado, "Conselhos tutelares da criança e do adolescente de São Paulo e os segmentos pró-cidadania"*

1997 – *Maria Filomena Gregori, Doutorado, "Meninos nas ruas: a experiência da viração"*

1998 – *Helena Maria Santana Sampaio, Doutorado, "O setor privado de ensino superior no Brasil"*

– *Ana Cristina Braga Martes, Doutorado, "Imigrantes brasileiros em Massachusetts"*

– *Simone Tavares Coelho, Doutorado, "Terceiro setor: um estudo comparado entre Brasil e Estados Unidos"*

1999 – *Cátia Aida Pereira da Silva, Doutorado, "Novas facetas de atuação dos promotores de justiça um estudo sobre o Ministério Público e a defesa de interesses sociais"*

> "Como minha orientadora de dissertação, Ruth me levou para sua casa em Ibiúna para discutirmos o trabalho acadêmico e, no meio disso, ela parou para me preparar um delicioso caldo verde."
>
> Danielle Ardaillon[41]

> "Muitos alunos, orientandos ou não, sofreram sua influência não só acadêmica, no sentido mais estrito, mas também pessoal, de modo mais amplo. Essencialmente, isso consistia em um aprendizado do respeito pelo trabalho alheio e na crença da importância da ação coletiva que, sem esmagar individualidades, abria terreno para encontros, diálogos e descobertas comuns."
>
> Gilberto Velho[42]

Além da Universidade de São Paulo, Ruth Cardoso foi professora em outras instituições, disseminando conhecimento e sua visão de mundo. Sua importância para a antropologia foi transnacional. Em 1980, deu aulas na Pontifícia Universidade Católica de São Paulo no curso Práticas Coletivas: Movimentos Sociais Urbanos. Em Berkeley, em 1981, foi professora visitante do City and Regional Planning Department, da Universidade da Califórnia, com o curso Comparative Urban Cultures. Em Paris, nesse mesmo ano, como professora associada da Maison des Sciences de l'Homme, na École des Hautes Études en Sciences Sociales.

Em 1983, foi marcante sua participação como professora visitante do Museu Nacional, no Rio de Janeiro. Questões de gênero, movimentos sociais e as "redes" de Manuel Castells, amigo da família desde 1967, ampliaram fronteiras de conhecimento.

> "Fui sua aluna quando nos anos 1980 ela esteve no Programa de Pós-Graduação em antropologia social do Museu Nacional e deu um curso sobre movimentos sociais. Aprendi muito naquele curso e, sobretudo, me impressionou a sua forma tão imprevisível de

tratar de um tema canônico como aquele. Já naquela época Ruth estava pensando nas redes sociais que mais tarde ajudou a estimular na Comunidade."

Yvonne Maggie[43]

Em 1986 tornou-se professora associada emérita do departamento de ciências sociais, da Faculdade de Filosofia, Letras e Ciências Humanas da Universidade de São Paulo. Sua formação manteve-se contínua e variada. Em 1988, passou alguns meses preparando o pós-doutorado na Columbia University e na New York University. Em 1989 Ruth foi professora visitante no departamento de antropologia da Unicamp, em Campinas, ministrando o curso Antropologia das Sociedades Complexas.

Ruth trabalhava também no Centro de Estudos e Documentação para a Ação Comunitária (Cedac) que funcionava em uma casa da família Cardoso, na rua dos Ingleses. O Cedac dedicava-se a assessorar institutos, grupos e associações comunitárias. Ali faziam reuniões de orientação dos alunos, reuniam os pesquisadores de seus projetos sobre movimentos sociais, organizavam seminários instigantes sobre os temas que trabalhavam e as teses que orientavam.

A atividade institucional de Ruth também foi intensa e muito profícua. Foi ativa na Associação Brasileira de Antropologia (ABA), na Associação Nacional de Pós-Graduação e Pesquisa em Ciências Sociais (Anpocs), no Comitê Acadêmico do Conselho Nacional de Desenvolvimento Científico e Tecnológico (CNPq), em Brasília e na Sociedade Brasileira para o Progresso da Ciência (SBPC) e foi membro fundador do Conselho Consultivo da Universidade Harvard no Brasil. Foi também conselheira da Fundação Padre Anchieta nos anos de 1980 e fez textos para aulas de antropologia em programas dirigidos por Fernando Pacheco Jordão.

Ruth Cardoso, Eunice R. Durham e José Augusto Guilhon Albuquerque iniciaram em 1989, o projeto *O contexto cultural da ação*

Lembrando o Cedac

Ruth Cardoso, em prefácio de uma publicação da Comunidade Solidária, dizia que o movimento não havia surgido em 1995, tampouco deixaria de existir com o término do governo FHC. *Explicava: a Comunidade Solidária refletia as transformações pelas quais estava passando a sociedade brasileira. E Ruth Cardoso acrescentava: "o fortalecimento da sociedade civil e a superação das desigualdades sociais, por meio de programas inovadores, constituem questões fundamentais".*

Em 1981, Ruth Cardoso criava, com Guita Grin Debert, Eunice R. Durham e José Augusto Guilhon, entre outros, o Cedac – Centro de Estudos e Documentação para a Ação Comunitária. Seu principal objetivo, segundo o documento fundador, era "prestar assessoria a instituições, grupos e associações comunitárias mediante a elaboração e gestão de projetos de interesse comunitário, organização de cursos e seminários desenvolvimento de estudos e pesquisas sociais". Mas o Cedac era mais do que um centro de pesquisa, enfatizava Ruth Cardoso; "era um espaço de discussão e de crítica onde a competência acadêmica possa dialogar com a demanda e as questões colocadas pela dinâmica da sociedade contemporânea".

Ruth Cardoso já estava atenta às mudanças pelas quais passava a sociedade brasileira. Estava lá o embrião do que viria a conceber, quase 15 anos depois, a Comunidade Solidária.

HELENA SAMPAIO

política, que reuniu um grupo de jovens professores e alunos: Antônio Flávio Pierruci, Teresa Caldeira, Helena Sampaio, Célia Sakurai e Antonio Teixeira Mendes. Fiéis aos ensinamentos da mestra Gioconda Mussolini, imprimiram profundidade inusitada à experiência de campo. Seus alunos aprenderam a fazer acompanhamento cotidiano das práticas dos habitantes dos bairros pobres da cidade.

Ruth e Eunice construíram um novo campo de estudos na USP: a antropologia urbana. Juntamente com Gilberto Velho, do Museu Nacional do Rio de Janeiro, queriam desvendar um objeto urbano para a matéria. Introduziram a reflexão sobre a obra de Lévi-Strauss e Foucault e sobre o significado da vida simbólica; incorporaram as noções de ação social de Alain Touraine, a obra inovadora de Manuel Castells e os estudos de favelas.

Por trinta anos, Ruth foi professora participante, formadora de opinião e incentivadora das carreiras de seus alunos e orientandos. A partir da década de 1990 diminuiu o trabalho de orientação e ampliou sua participação nos estudos de responsabilidade social. Em 1991 foi chamada a Belo Horizonte para discorrer sobre cultura e política no Programa de Pós-Graduação da Universidade Federal de Minas Gerais. No ano seguinte foi à Fundação Joaquim Nabuco, em Recife, para uma aula sobre movimentos sociais e as políticas públicas.

Em 1994 Yvonne Maggie, chefe do Departamento de Antropologia da UFRJ, convidou Ruth para integrar a banca de Peter Fry, no concurso para professor titular. O concurso realizou-se após a posse de Fernando Henrique Cardoso na Presidência da República.

Informados de que Ruth havia confirmado sua presença na banca, os estudantes organizaram uma grande manifestação contra o governo FHC. Foram finalmente convencidos de que o que acontecia ali era um ritual acadêmico e de que Ruth merecia respeito. Ela chegou como sempre gentil e compreensiva, não se abalou em nenhum momento e acalmou os colegas da academia.

A sociedade se movimenta

O Brasil nos anos 1960-1980 passou por um acelerado, inesperado e não planejado processo de mudança estrutural como sugerem indicadores demográficos. Deixou de ser rural e urbanizou-se, já que a maior parte da sua população vive em metrópoles – especialmente em bairros de periferia e favelas. Aumentou a participação da mulher na força de trabalho. Diminuiu o crescimento populacional. Caiu o número de filhos por família. Cresceu o número de famílias chefiadas por mulheres. O Estado desenvolveu infraestrutura pública de saúde e educação.

[...] A partir de meados dos anos 1980 o Cebrap deu continuidade à discussão conceitual sobre os movimentos sociais como novas formas de fazer política, à análise da bibliografia e à interlocução com os próprios movimentos que, embora propugnassem autonomia em relação ao Estado, se constituíam mesmo na relação com agências públicas locais.

ESTHER HAMBURGER

No exterior, Ruth foi Chercheur Associé, Centre International de Recherches sur l'Environnement et le Développement (CIRED) et Centre d'Études des Mouvements Sociaux, École des Hautes Études en Sciences Sociales, Paris, França; membro do Joint Committee on Latin American Studies of the Social Science Research Council and American Council of Learned Societies, Nova Iorque, Estados Unidos; foi pesquisadora visitante no Helen Kellog Institute for International Studies, University of Notre Dame, Indiana, Estados Unidos; diretora da United Nations Foundation, Washington, Estados Unidos; participou da Comissão da Dimensão Social da Globalização da Organização Social do Trabalho (OIT); presidiu o Conselho sobre Mulher e Desenvolvimento, do Banco Interamericano de Desenvolvimento (BID).

Em 2000, passou dois meses como professora visitante no Center for Latin American Studies, em Berkeley, Estados Unidos, convidada por Manuel Castells. Foi chamada a falar de sua experiência na Comunidade Solidária, fez um seminário sobre a *Juventude no Brasil: situação social, cultura e políticas públicas*, participou de palestras e encontros proveitosos.

Instalou-se em um pequeno apartamento, com uma linda vista e circulava a pé em seu cotidiano de afazeres vários. Lourdes Sola acompanhou-a em passeios e em interlocuções com Castells sobre a dimensão cultural dos processos globais, as questões da comunicação e suas inovações tecnológicas no cotidiano das sociedades. Exerceu entre pares sua capacidade e curiosidade intelectual.

Em 2004 participou das atividades do Thomas J. Watson Jr. Institute for International Studies, Universidade de Brown, Providence, Estados Unidos. Mais uma vez estabelecia uma ponte com a academia e sua experiência de trabalho comunitário: *Civil society and democratization: the Brazilian experience* foi o tema apresentado.

Os temas dos direitos dos estudantes e do futuro da universidade mobilizavam Ruth Cardoso. Nessa época ela fez parte da comissão de professores, designada pela Congregação da USP e presidida por Simão Mathias, para organizar a publicação do Livro Branco da USP. O objetivo do projeto era reconstruir, com base em entrevistas realizadas com método, a versão da "Guerra da Maria Antônia". Foram seus companheiros nesse trabalho: Antonio Candido de Mello e Souza, Eunice R. Durham, Carlos Alberto Barbosa Dantas e Carlos Benjamin de Lyra. Colheram depoimentos preciosos e reconstituíram a cena da destruição da Maria Antônia.

> "Para este trabalho, o pressuposto foi a busca de autenticidade. Com tal intuito, acolheram-se apenas dados garantidos ou de domínio público, estabelecendo-se entre eles uma hierarquia de credibilidade."
>
> SIMÃO MATHIAS[44]

Ruth acompanhava as manifestações da música, do teatro e da televisão. Interessada na sociedade civil, em histórias de vida, na opinião de moradores da favela e da periferia, nos movimentos de gênero, nos jovens, sua formação e empregabilidade, a professora ampliava sua interpretação e mantinha olhos atentos e, também, irônicos sobre as transformações da sociedade.

> "O culto da autonomia intelectual foi a primeira entre suas paixões com as quais entrei em contato direto, como aluna. Mais tarde, compreendi que alimentava em nós algo mais do que o profissionalismo com que nos iniciava na antropologia. Esse algo mais era o combustível de que se alimenta toda forma de autonomia – 'a liberdade interior', na expressão dela. Já que esta não era a qualidade moral melhor distribuída entre os homens, pouco esperada nas mulheres e ignorada quando existente nelas, tratava-se de cultivá-la, sempre e onde identificasse a existência da 'chispa'."
>
> LOURDES SOLA[45]

Muitos de seus orientandos fizeram carreiras brilhantes na academia, como Gilberto Velho, Sergio Rouanet, Mariza Corrêa, Teresa Caldeira, Guita Grin Debert, Maria Filomena Gregori, Ana Maria Doimo, Célia Sakurai, Simone Coelho, Ana Cristina Martes, Ana Maria Niemeyer, José Carlos Melchior, Cátia Aida da Silva; além dos alunos Antonio Augusto Arantes, Sylvia Caiuby Novaes, Rosa Maria Fischer, José Álvaro Moisés, Thereza Leme, Esther Hamburguer ou os que se destacaram em outros campos, como Lourdes Sola, Otávio Frias Filho, Evelyn Levy, Eduardo Graeff, Renée Castelo Branco, entre tantos. Dava liberdade a todos, como aprendera com seu mestre Roger Bastide, com sensibilidade e firmeza; insistia na pesquisa empírica, produção de dados, definição do objeto e correção dos textos.

Ruth Cardoso se preocupava com o futuro do país e com a capacitação dos jovens que tomariam o leme no futuro. O ritmo da vida contemporânea e a precocidade dos moços em nossa sociedade envolvem dificuldades conceituais, pois não é mais claro qual período da vida se define como juventude, quais são seus valores e suas virtudes. Tornou-se complexa a definição das políticas públicas adequadas para os jovens.

Seu olhar antropológico identificava grupos diferentes, com linguagem própria; não considerava a existência de uma única juventude, mas de juventudes diversas, com potencialidades distintas, todas se desenvolvendo em contato direto com as tecnologias de comunicação e sendo o melhor exemplo de rede. Discutia isso com seus orientandos e queria conhecer suas opiniões. Ouvindo, refletindo, estudando, ela ampliou os limites das ciências sociais, derrubou fronteiras e abriu novos campos de estudo.

> "Queria que a gente pensasse e defendesse os nossos pontos de vista e conseguíssemos convencê-la. Tinha preferência pela polemização do que era considerado convencional ou predominante."
>
> MARIA FILOMENA GREGORI[46]

Inaugurando a vivência de um casal de brilhantes *scholars* na Presidência da República e após oito anos (1994-2002) em Brasília, ao final do segundo mandato, Fernando Henrique e Ruth Cardoso foram para Washington, convidados pela Library of Congress para um estágio sabático de alguns meses. Viveram tranquilamente num *flat* na capital americana, utilizando o metrô em seus deslocamentos cotidianos. Trabalhavam na biblioteca, visitavam a cidade, reencontravam o prazer de estudar e de usufruir tempo privado.

Em 2006 Ruth Cardoso recebeu da Associação Brasileira de Antropologia a sua láurea máxima: a medalha Roquette Pinto, por suas contribuições à antropologia brasileira. Foi um momento de imensa emoção, expressa em seu discurso de agradecimento, que revelou ser essa a maior homenagem que já recebera.

> "Ruth teve um papel muito importante na antropologia brasileira. Foi uma grande mediadora, enfrentava a discussão, desarmava as pessoas ressentidas ou oposicionistas. Marcou-me muito e reforçou meu respeito pelo outro, pelo ponto de vista diverso, me ajudou a segurar a intolerância no diálogo. Seu sentimento de solidariedade social era imenso. Sendo totalmente genuína, ela acreditava na capacidade das pessoas e lutou para estimulá-las."
>
> GILBERTO VELHO[47]

A *scholar* Ruth Cardoso deixou sua marca na memória acadêmica do Brasil por sua criatividade, espírito de inovação, rigor científico, liberdade intelectual e paixão pelas ideias claramente expostas.

Homenagens em 2008

- *Sessão solene na Academia Paulista de Letras, organizada pelo acadêmico Jorge Caldeira*
- *Cátedra Ruth Cardoso, pelo Cebrap, São Paulo*
- *Centro Cultural Ruth Cardoso, Federação das Indústrias do Estado de São Paulo*
- *Portal da Transparência Ruth Cardoso, Alagoas*
- *Bolsa de Estudos Fulbright Ruth Cardoso, de antropologia, na Universidade de Columbia, Estados Unidos*
- *Prêmio Ruth Cardoso para educadores estimularem parcerias entre escolas e comunidades, Brasília*
- *Auditório Ruth Cardoso no Centro de Convenções Ulisses Guimarães, Brasília*
- *Medalha Ruth Cardoso instituída pelo Conselho Estadual da Condição Feminina, São Paulo*
- *Prêmio Brasileiro Imortal, homenagem da primeira turma de Índias Universitárias*
- *Centro Cultural da Juventude Ruth Cardoso, São Paulo*
- *Auditório Ruth Cardoso, no Espaço Cultural Prodam*
- *Pessoa que Fez Diferença nomeada pelo jornal* O Globo, *Rio de Janeiro*
- *Prêmio Bertha Lutz,* in memoriam, *Brasília*

23. Costa, Emilia Viotti da. *Depoimento concedido à autora,* São Paulo, 6 abr. 2008.
24. Extrato de Decreto de Fundação da usp. *Revista de Estudos Avançados* (USP), São Paulo, v. 8, n. 22, set./dez. 1994.
25. Damy apud Mori, Kyiomoro. usp trouxe uma revolução no ensino. *Folha de S.Paulo,* São Paulo, 30 set. 2003.
26. Queiroz, Maria Isaura Pereira de. *La Guerre Sainte au Brésil:* le Mouvement Messianique du Contestado, sous la direction de Roger Bastide. Tese de Doutorado. ffcl/usp, São Paulo, 1960.
27. Cardoso, Ruth. Nosso interesse em entrevistar Ruth Cardoso. *Cadernos de Campo.* São Paulo, v. 8, n. 7, 1997/1998, p. 149-166. Entrevista concedida a Alessandra El Jar et al.
28. Candido, Antonio. Um instaurador. Homenagem a Florestan Fernandes. *Revista Brasileira de Ciências Sociais.* São Paulo, n. 30, 2007.
29. Cardoso, Ruth. Nosso interesse em entrevistar Ruth Cardoso. *Cadernos de Campo,* São Paulo, v. 8, n. 7, 1997/1998, p. 149-166. Entrevista concedida a Alessandra El Jar et al.
30. Idem, ibidem.
31. Velho, Gilberto. Ruth Corrêa Leite Cardoso. Dados. *Revista de Ciências Sociais* (Iuperj). Rio de Janeiro, 2008.
32. Faletto, Enzo. Memórias do (Sub) Desenvolvimento. *Revista Tempo Social,* São Paulo, v. 19, n. 1, jun. 2007. Entrevista concedida a José Marcio Rego.
33. Giannotti, José Arthur. *Os acontecimentos da rua Maria Antônia.* São Paulo: fflch/usp, 1988, p. 65.
34. Blay, Eva. A guerreira da lógica feminina. O *Estado de S. Paulo* (*on-line*), São Paulo, 24 jul. 2008.
35. Echeverría, Regina. De professor a presidente. *A revista.* São Paulo: Takano, 2002. Edição especial n. 1.
36. Camargo, Candido Procópio Ferreira de et al. *São Paulo 1975:* crescimento e pobreza. São Paulo: Edições Loyola, 1976.
37. Idem, ibidem.
38. Coelho, Simone de Castro Tavares. Principles and Conceptions of the Comunidade Solidária. In: *Tributo to Ruth Cardoso,* New York, Kellog Center at Columbia University, Apr. 2009. Mimeografado.
39. Cardoso, Ruth. Nosso interesse em entrevistar Ruth Cardoso. *Cadernos de Campo,* São Paulo, v. 8, n. 7, 1997/1998, p. 149-166. Entrevista concedida a Alessandra El Jar et al.
40. Gregori, Maria Filomena; Coelho, Simone de Castro Tavares; Debert, Guita Grin. Ruth Cardoso (1930-2008). *Revista Brasileira de Ciências Sociais,* São Paulo, v. 23, p. 5-10, 2008.
41. Ardaillon, Danielle. *Entrevista concedida à autora,* São Paulo, 24 nov. 2008.

42. Velho, Gilberto. *Entrevista concedida à autora,* Rio de Janeiro, 3 dez. 2008.
43. Maggie, Yvonne. *Entrevista concedida à autora,* Rio de Janeiro, 3 dez. 2008.
44. Mathias, Simão. (Org.) *Os acontecimentos da rua Maria Antônia*. São Paulo: FFLCH/USP, 1988.
45. Sola, Lourdes. *Entrevista concedida à autora,* São Paulo, 7 nov. 2008.
46. Gregori, Maria Filomena. *Conferência* na Academia Paulista de Letras. São Paulo, 10 jul. 2008.
47. Velho, Gilberto. *Entrevista concedida à autora,* Rio de Janeiro, 3 dez. 2008.

Ruth, no ano de seu concurso,
Universidade de São Paulo, 1960

José Arthur Giannotti, Ruth, Fernando Henrique e Lucia Prado, Florença, 1962

Ruth Cardoso, s/d

Ruth, em bancas examinadoras de titularidade, USP, 1988

Ruth Cardoso, Lucia Prado e Regina Meyer, s/d

Miriam Grossi, Ruth Cardoso e Sylvia Caiuby, s/d

Sergio Motta, Ruth e Fernando Henrique, Berkeley, s/d

Roque Laraya, Gilberto Velho, Mariza Corrêa e Ruth Cardoso, homenageada com a Medalha Roquette Pinto, 2006

CAPÍTULO 3

O BOM COMBATE

"Foi o seu sentido de realidade que a aproximou das causas mais justas: a luta contra a ditadura e pela democracia; a causa das mulheres que, com absoluta razão, via como a causa da humanidade inteira em que o amor seria melhor sem opressão."

ROSISKA DARCY DE OLIVEIRA[49]

Manifestação pela democracia, São Paulo, 1984

O recrudescimento do autoritarismo dos militares, a partir do final do ano de 1968, levou parte importante de uma geração de professores e estudiosos brasileiros a cruzar a fronteira da atividade acadêmica e buscar caminhos de participação pública na resistência à ditadura e, depois, na construção da democracia.

Editado em 13 de dezembro de 1968, o quinto ato institucional – o AI-5 – legalizou o arbítrio. Os poderes militares tornaram-se absolutos: o Congresso foi fechado, direitos e mandatos políticos suspensos, funcionários públicos aposentados ou exonerados, milhares de cidadãos presos e torturados. Institucionalizou-se a censura regular à imprensa e à produção cultural.

Os professores aposentados da USP continuavam a produzir no Cebrap, mas suas condições de trabalho não eram invejáveis. Em meados dos anos 1970, Fernando Henrique Cardoso foi preso pela Operação Bandeirante (Oban), organização paramilitar que reprimia os opositores que julgasse comunistas. As 24 horas que passou encarcerado foram suficientes. Convencido de que o cerco militar se fechava e obstruía o pensamento no limite do suportável, entendeu que era preciso buscar novas formas de resistir.

Formou-se então, em São Paulo, um grupo com aspirações à participação política. À primeira reunião, na casa de José Gregori, compareceram cerca de vinte pessoas, entre as quais, Plínio de Arruda Sampaio, Francisco Weffort, Roberto Gusmão, unidos na oposição ao regime. Decidiram apresentar um candidato a senador, uma candidatura de protesto, indicando o nome de Fernando Henrique para concorrer pelo MDB nas eleições de 1978.

A rigor, aposentado pelo AI-5, FHC não poderia ser candidato. Sua candidatura só foi reconhecida dez dias antes da eleição. Foi uma campanha importantíssima, que marcou o início da abertura política. Em torno dessa campanha, articulou-se uma equipe: Almino Afonso, Gilda Portugal Gouvêa, Luiz Inácio Lula da Silva, Sergio Motta, Plínio de Arruda Sampaio, Francisco Weffort e os jovens Ana Tavares, Carlos Alberto Sardenberg, Getulio Vaz, Mimi Sofer, João Rodarte, Jorge Caldeira e Maria Stella Gregori, entre outros voluntários que seguiriam Fernando Henrique em sua carreira política.

Eduardo Graeff assumiu a campanha em Santos e conseguiu a ajuda fundamental de Mario Covas. Ele teve a segunda maior votação que, somada à de Franco Montoro, deu vitória esmagadora do MDB contra o partido que apoiava o regime. Com isso tornou-se suplente de André Franco Montoro. Quando Montoro assumiu o governo do estado de São Paulo, em 1983, Fernando Henrique tomou posse no Senado Federal.

Nessa época a posse do governador era em março e, no sábado de aleluia de 1983, Maria Helena e José Gregori fizeram uma grande festa – a Aleluia da Vitória – e os amigos, muitos vestidos de branco, encheram a casa de alegria e de entusiasmo pela possibilidade de atuar na transformação do país.

Ruth abriu seus próprios caminhos de participação. Em meados dos anos 1970 os movimentos feministas intensificavam a luta pelos direitos da mulher. Mulheres em cargos políticos estimularam a militância na sociedade civil. Em junho de 1976, surgiu um jornal:

Nós mulheres. Em 1978 o nome de Ruth Cardoso constava das assinaturas da *Carta da Mulher Paulista*, com um programa avançado para atuação política.

A partir de 1979, constituiu-se a Frente de Mulheres Feministas, funcionando em encontros liderados por Ruth Escobar, em seu teatro ou em almoços em sua casa. Desses encontros participaram Florisa Verucci, Carmita Alves Lima, Marta Suplicy, Lygia Fagundes Telles, Fátima Pacheco Jordão, Lia Fukui, Eva Blay, Anésia Pacheco Chaves, Aracy Amaral, Clara Charf, Carmen Barroso, Maria Lygia Quartim de Moraes, Alda Marcantonio, Silvia Pimentel e Ruth Cardoso. O debate questionava as diferenças de tratamento que as mulheres enfrentavam, a questão das mães solteiras e a das chefes de família, a carência de creches. Ruth Escobar dirigia a reunião com um apito. Quando todas falavam ao mesmo tempo, apitava e pedia ordem.

A liberação das mulheres estava na ordem do dia e, logo, foi tema na televisão. Em 1979 estreou com grande repercussão o seriado *Malu Mulher*, com Regina Duarte no papel título. A personagem de Malu, que era socióloga, foi inspirada em Ruth Cardoso, uma mulher contemporânea.

> "Ruth e sua casa serviram de inspiração tanto para o cenário principal – o apartamento de Malu – quanto para a personagem, uma mulher leve e independente."
>
> REGINA DUARTE[50]

Em 1980, com a criação do Partido dos Trabalhadores e a cisão do MDB em oposições ideológicas, o movimento das mulheres também se dividiu. Com os sindicalistas em cena, a resistência se reconfigurava.

A despeito das novas variáveis em jogo, as iniciativas importantes para as questões de gênero continuaram a se concretizar. Em 1981, Silvia Pimentel e Florisa Verucci entregaram aos parlamentares o esboço do *Novo Estatuto Civil da Mulher*.

A arte e o medo

Desde os anos 1960 a renovação da sociedade foi anunciada com antecedência pelos artistas. Já há algum tempo, a bossa nova, os festivais de música, os teatros Arena e Oficina, em São Paulo, o grupo Opinião, no Rio, os Centros Populares de Cultura despontavam como expressões de mudança.

Em São Paulo o teatro era contundente: Morte e vida severina, *de João Cabral de Mello Neto, com música do jovem promissor Chico Buarque de Hollanda;* Arena conta Zumbi, *de Augusto Boal, com Gianfrancesco Guarnieri;* O rei da vela, *de Oswald de Andrade, dirigido por José Celso Martinez Corrêa de forma radical e surpreendente;* Roda viva, *que se ouvia em toda parte, mesmo depois que a peça foi tirada de cena, escancarando a violência da censura. O eminente professor da* USP, *Sérgio Buarque de Hollanda, começava a ser conhecido como "o pai do Chico".*

No cinema novo, especialmente ativo no Rio de Janeiro, a narrativa contestava a situação e apontava para novos tempos: Terra em transe *e* Deus e o diabo na terra do sol, *de Glauber Rocha;* Os fuzis, *de Rui Guerra;* Vidas secas, *de Nelson Pereira dos Santos;* Opinião pública *e* Tudo bem, *de Arnaldo Jabor.*

Todos esses espetáculos colocaram em cena a desigualdade social e emocionaram o público universitário e a burguesia esclarecida.

Em uma histórica instalação exibida no Museu de Arte Moderna do Rio de Janeiro, Hélio Oiticica estabeleceu o conceito de Tropicália, influenciando a música popular e abrindo caminho para a explosão dos baianos: Caetano Veloso, que ainda era pouco mais que "o irmão de Betânia", Gilberto Gil, Tom Zé e Gal Costa.

Antonio Callado publicou Quarup*, tratando da luta armada. O romance* Zero*, de Ignácio de Loyola Brandão, que mencionava a violência do Estado, a tortura e os esquadrões da morte, foi integralmente vetado pela censura.*

Após o AI-5*, com a perseguição legalizada, assustados, muitos artistas partiram para o exílio: Glauber Rocha, Caetano, Gil, Chico, Geraldo Vandré, Zé Celso, entre outros, deixaram o país e resistiram com sua arte.* Apesar de você*, de Chico Buarque, afirmava um outro dia; Gil mandava* Aquele abraço.

Do Brasil, Roberto Carlos enviou um recado a Caetano: Debaixo dos caracóis dos seus cabelos. *O medo estava sempre presente, mas a voz da cultura elevava-se vigorosa, em manifestações artísticas extraordinárias.*

> "Florisa e eu apontamos o entulho discriminatório do código de 1917, como a chefia masculina na sociedade conjugal, a anulação do casamento pelo homem no caso de descobrir que a mulher já fora deflorada e outros absurdos."
>
> SILVIA PIMENTEL[51]

Em 1982, os brasileiros reconquistaram o direito de eleger diretamente os governadores de estado. A crise de legitimidade do regime militar se aprofundava. O clima geral era de contestação.

Nesse ano, as feministas se reuniram em um movimento suprapartidário e decidiram apoiar André Franco Montoro, candidato do PMDB, ao governo de São Paulo. Condicionaram o apoio à criação de um Conselho Estadual da Mulher. Eleito, Montoro honrou o compromisso criando, em 1983, o Conselho Especial da Condição Feminina, denominação mais abrangente, sugerida por Ruth Cardoso. A primeira formação do conselho tinha Eva Blay na presidência e contava com a participação de Ruth, Heleieth Saffiotti, Iara Prado Fátima Pacheco Jordão e Maria Malta Campos, entre outras, além do apoio jurídico de Florisa Verucci. No mesmo ano foi instalada em São Paulo a primeira Delegacia de Defesa da Mulher: conquista importante e iniciativa pioneira no mundo.

> "No primeiro dia, lavramos 2.500 boletins. Os maridos achavam que podiam bater nas mulheres até elas sangrarem."
>
> ROSEMARY CORRÊA[52]

Após a redemocratização, Ruth fez parte do Conselho Nacional dos Direitos da Mulher. Trabalhou ativamente nas políticas públicas ligadas às questões de gênero: direito ao aborto, creches, igualdade de salários, planejamento familiar e combate à violência, apoiando as iniciativas de divulgação das atividades e participando das ONGs que despontavam.

Na Fundação Carlos Chagas surgiu a ideia da publicação de outro jornal. Ruth Cardoso foi convidada a integrar a comissão organizadora, que incluía, entre outras, Carmem Barroso, Fulvia Rosemberg, Maria Rita Kehl, Adélia Borges e Marilia de Andrade. Surgia o *Mulherio*.

> "Conheci a professora Ruth Cardoso na década de 1980, no conselho de redação do jornal *Mulherio*. Ela era, de longe, a intelectual mais importante e mais experiente entre nós. Mas nunca se valeu disso para impor sua opinião. Delicada, atenta às idéias alheias, era mestra em abrir espaços para o saber circular e se coletivizar. Uma pessoa genuinamente democrática."
>
> MARIA RITA KEHL[53]

Entretanto, Ruth relutava em aceitar convites para exercer funções de governo. Em 1983, foi convidada por Umberto Parro – eleito prefeito de Osasco, pelo PMDB – para chefiar a Secretaria Municipal de Promoção Social. Em atenção à sua amizade por Parro, Ruth chegou a considerar a ideia. Mas acabou optando por indicar outros amigos para o cargo. José Augusto Guilhon assumiu a Secretaria e Iara Prado se tornou sua chefe de gabinete.

Como a situação do município era de penúria, muitos filiados do PMDB, entre os quais José Serra, que era secretário estadual de Planejamento, ajudaram a melhorar essa condição. Osasco foi o laboratório de muitas ideias inovadoras em ação social.

Ruth Cardoso participou do seu jeito. Entre 1983 e 1984 coordenou a pesquisa *Levantamento socioeconômico da população favelada do município de Osasco, São Paulo,* uma parceria entre a Universidade de São Paulo e o Centro de Educação e Documentação para Ação Comunitária (Cedac). Ruth encontrava as lideranças dos bairros, queria ouvir a percepção dos novos atores políticos e seu discurso. A pesquisa deslindou a relação do Estado com os movimentos sociais.

Na sequência, foram instituídas políticas sociais e programas criativos, como as Cozinhas Comunitárias: pratos baratos e nutritivos feitos em grupo e para todos. A implementação ficava a cargo das "meninas da Ruth", como Helena Sampaio, que desenvolveu em Osasco a sua tese de mestrado. Alice Junqueira e Beatriz Cardoso dirigiram o departamento de creches e instalaram brinquedotecas.

Tratava-se de construir pontes: ao atender às demandas, o Estado fortalecia os movimentos sociais. Isso era importante pois Ruth sabia que o crescimento econômico não é suficiente para tornar a sociedade mais dinâmica e diminuir a exclusão social.

Ruth permaneceria ainda algum tempo dedicada prioritariamente à atividade acadêmica. Sua atuação pública só voltou a ser visível em 1994, fora do Brasil. Nesse ano ela compareceu à Conferência Internacional sobre População e Desenvolvimento, promovida no Cairo pelas Nações Unidas. Como representante da América Latina, ali participou da Comissão Independente sobre População e Qualidade de Vida, presidida por Maria de Lourdes Pintasilgo, ex-primeira-ministra de Portugal. Defendia-se um novo olhar sobre os direitos reprodutivos incluídos nos direitos humanos e no desenvolvimento social.

No contexto das atividades dessa comissão, Ruth presidiu em 1994 um encontro no Rio de Janeiro: o *Hearings*. Nessa ocasião foram registrados os depoimentos de figuras extremamente representativas da sociedade civil latino-americana, entre outros, Betinho e a guatemalteca Rigoberta Menchú, prêmio Nobel da Paz. O alcance de sua voz ampliou-se e esse encontro foi importante para o relatório final da Comissão.

Ainda com Maria de Lourdes Pintasilgo Ruth realizou um dos trabalhos que mais lhe deram satisfação, o relatório *Cuidar o futuro*, que defendeu diretrizes para o combate à desigualdade no mundo. O relatório motivou a criação das *Metas do Milênio*, que ela sempre citou como parâmetros claros de definição de indicadores de avanços sociais.

Nesse mesmo ano de 1994, preparava-se o plano de governo de Fernando Henrique Cardoso, candidato à Presidência da República. Ruth juntou-se às comissões de planejamento. Logo ficou claro o foco principal de seu interesse: os projetos de parceria Estado–sociedade civil, surgidos no contexto do programa Mãos à Obra, formulado por Vilmar Faria. Ali, pela primeira vez, considerou-se a ideia de um Conselho da Comunidade.

Após a vitória de FHC, ao fim de exaustivos meses de campanha em contato direto com os cidadãos e os movimentos sociais, o casal se deu o direito de descansar. No livro da fazenda Bela Vista, de Carmo e Jovelino Mineiro, ficou registrado o desejo do novo presidente da República.

> "Espero ter a energia necessária para corresponder a tantas esperanças e tantos votos de confiança recebidos."
>
> FERNANDO HENRIQUE CARDOSO[54]

Entre as solenidades da posse de FHC, o baile de gala foi um retrato dos novos tempos. Os políticos paulistas compareceram em peso. Personagens menos frequentes em Brasília marcaram presença: representantes da universidade e do pensamento do Brasil e do exterior. Era um momento inédito e promissor: um membro brilhante da intelectualidade assumia o cargo máximo da nação. Vestida com um elegante modelo cinza, plissado, assinado por Issey Miyake, Ruth Cardoso fixava sua imagem de mulher contemporânea.

Na vida política brasileira seu papel ficou marcado por análises ponderadas, mas incisivas. Era sua passagem definitiva para a cena pública, para onde ela levou a integridade e a ética de sua vida privada e a virtude do rigor acadêmico. Sua trajetória ampliou os horizontes da antropologia. E redefiniu o papel esperado da mulher do presidente da República.

Finalmente ela se mudou para a capital federal, disposta a enfrentar as novas atribuições. Pretendia focar sua atuação pública num ponto especialmente destacado por Fernando Henrique, em seu discurso de posse, ao afirmar: "O Brasil não é um país pobre, é um país injusto". Ruth se preparava para combater a desigualdade social e atuar no terceiro setor entendido como um espaço de participação e transformação da sociedade.

Ajustar sua vida pessoal e profissional a essa nova situação e ao formalismo de Brasília não foi tarefa fácil. Ao longo dos anos, seu caminho foi facilitado por Walter Pecli Moreira e Frederico César de Araújo – os sucessivos chefes do cerimonial da Presidência –, garantindo que tudo corresse com leveza, como ela gostava.

Ruth se afligia com os seguranças onipresentes e com o fato de estar sempre em evidência. Não era confortável a vida pública agregada ao poder constituído e a proximidade constante de pessoas com repertório diferente. Mas ela superava os obstáculos com sua fina ironia. Para ela o espaço da ação governamental estava demarcado: assegurar os direitos essenciais dos cidadãos; a ação do terceiro setor era complementar.

A instalação no Palácio da Alvorada foi trabalhosa. O pessoal do palácio surpreendia-se com sua simplicidade e gentileza com todos. Ela batalhava para preservar a qualidade da vida privada, o que implicava reestruturar radicalmente o cotidiano no palácio. Entretanto, Ruth tinha plena consciência de que essa não era a sua casa, mas sim o palácio do povo brasileiro, que deveria ser tratado com uma certa cerimônia.

> "A cozinha ficava num canto do palácio, no subsolo; a sala de café no outro canto, três andares acima. O café saía quente num bule de prata, levado pelo garçom, e chegava frio. Foi preciso muita insistência para finalmente o cozinheiro da Marinha encher a garrafa térmica que Ruth comprou."
>
> JORGE CALDEIRA[55]

Contato com a imprensa

Não era muito fácil. Dona Ruth tratava jornalistas a distância e detestava que alguém fizesse uma pergunta fora do contexto ou que julgasse sem sentido. "Será que não têm nada mais importante para tratar no jornal? Não é possível que se interessem por minha vida pessoal. Como podem me perguntar a grife da roupa que estou usando? Isso é machismo, ninguém pergunta para um homem a origem do seu terno."

Por outro lado, era extremamente cordial quando concordava em conceder entrevista sobre sua atividade, seja como antropóloga, como professora ou como dirigente e executora de programas sociais.

RENATO MIRANDA

Falava pouco, mas era certeira nas análises dos problemas brasileiros. Não abria mão das opiniões, ainda que polêmicas, aliava-se ao bom combate e, como não precisava, como o marido, fazer concessões inerentes à posição de governante, Ruth Cardoso foi-se firmando no cenário nacional como um símbolo de dignidade e correção.

DORA KRAMER

Era preciso colocar tudo em ordem, a começar pelos cardápios. Sensata como sempre, determinou que a comida fosse simples, com verduras e frutas frescas. Isso era novidade na cozinha do palácio. Ela contratou uma *chef* jovem, Roberta Sudbrack, que definiu cardápios e treinou funcionários, assegurando-se de que a qualidade da alimentação fosse boa e variada. Roberta liderou uma transformação evidente, implantando e estimulando a manutenção de uma horta na área do palácio, para facilitar a provisão de ervas e temperos frescos. O passadio tornou-se excelente, tanto no cotidiano como em dias de recepção.

Os Cardoso tinham encontrado o Palácio da Alvorada abandonado, há muito tempo sem morador permanente. Em dias de chuva era preciso espalhar baldes por todo o lado para conter as goteiras. Havia necessidade de uma grande reforma estrutural, mas o momento político não foi considerado adequado. Foi feita apenas uma adaptação para torná-lo confortável.

> "O estado do palácio era extremamente precário: todos os estofados rasgados, a cozinha abandonada. Havia muitos móveis quebrados no porão. Achamos um quadro de Vicente do Rego Monteiro na garagem."
>
> Regina Meyer[56]

Havia uma comissão de quatro pessoas para estudar o projeto da reforma. Entretanto, fatos novos impediram que o grupo se mantivesse: Lélia Coelho Frota foi trabalhar na Europa; Emanoel Araujo teve um infarto; Vera Pedrosa afastou-se por problemas particulares. A arquiteta Regina Meyer tocou o serviço sozinha.

Não havia um gabinete de trabalho para o presidente. Foi instalado, no piso térreo, um amplo escritório para que ele pudesse receber reservadamente amigos e políticos.

No porão, encontraram uma mina de preciosidades, muitas quebradas e maltratadas. Regina Meyer recuperou e incorporou ao acervo do palácio, que é tombado pelo Patrimônio Histórico, móveis e objetos da década de 1950 e peças de desenho nacional da mesma época. Duas imensas esculturas de Brecheret, que estavam no Ministério da Educação, e pinturas de qualidade, instaladas em lugares inadequados, foram requisitadas e incluídas no acervo do Alvorada. Não havia uma só toalha de banquete em ordem para guarnecer a imensa mesa oficial. Dayse Setubal doou à Presidência da República belas toalhas adamascadas.

Os estofados da sala íntima do piso superior foram forrados com tecidos de inspiração nativa brasileira, da coleção de Maria Henriqueta Gomes. Ali foi instalada uma pequena cozinha onde, à vontade, Ruth podia preparar pratos para os amigos próximos. Giannotti, quando ia ao Alvorada, era intimado a apresentar um saboroso macarrão. Personalizando o espaço com peças de artesanato e vasos cheios de flores do jardim, ela marcou sua presença e o palácio reviveu.

Coerente com seus princípios, Ruth fez alterações em antigas práticas do Itamaraty. Uma delas foi permitir que mulheres entrassem no avião presidencial vestindo calças compridas; outra, foi incluir os nomes próprios das senhoras nos cartões que definiam os lugares nos banquetes do palácio. Era inadmissível que o protocolo se referisse às mulheres apenas como esposas de seus maridos.

A questão dos trajes oficiais também foi equacionada. A estilista Marjorie Gueller foi convocada para opinar sobre o guarda-roupa. Além de profissional reconhecida, ela era amiga de longa data. Conhecia o estilo de Ruth e harmonizou os trajes necessários às cerimônias. A simplicidade elegante tornou-se uma marca registrada.

A lei não prevê verbas públicas destinadas ao vestuário das mulheres dos presidentes. Ruth foi sempre econômica em seu vestir discreto. Em Brasília, o cerimonial insistia em que ela não repetisse tanto as roupas. Ela se insurgiu, com a delicadeza costumeira: "Eu sou uma professora universitária, doutora em antropologia, que apenas está desempenhando o papel de mulher do presidente da República".

> "Aquilo que no começo causou estranheza, uma simplicidade vista como majestática, a aversão ao estrelato, o retraimento, a fidelidade à conduta da vida inteira acabou sendo visto pelo Brasil como sua melhor qualidade: a noção de que ocupantes do poder são apenas cidadãos aos quais se confere temporariamente a prerrogativa de fazer acontecer."
>
> Dora Kramer[57]

Em 1995 Ruth Cardoso chefiou a delegação brasileira à IV Conferência das Nações Unidas sobre a Mulher, em Beijing, a maior e mais influente das conferências mundiais sobre esse tema. As subchefes da delegação eram Rosiska Darcy de Oliveira, presidente do Conselho Nacional dos Direitos da Mulher, e a embaixadora Thereza Quintella. Mais de 180 delegações governamentais e 2.500 ONGs construíram uma nova visão das questões de gênero. Ruth divulgou o Plano Estratégico de Ação no Brasil e afirmou: "O movimento das mulheres, o governo e o povo brasileiro reafirmam o seu integral compromisso a esta agenda".

> "De certo modo, com Fernando Henrique na Presidência e Ruth no Comunidade, essa complementaridade de perspectivas se propôs no ideário de uma verdadeira revolução, que vai da política e do poder aos modos cotidianos de ser, a revolução ainda que lenta de que o País carecia e carece."
>
> José de Souza Martins[58]

Em 1996 Ruth viajou para Istambul, à frente da delegação brasileira para a Habitat 2, a II Conferência das Nações Unidas sobre Assentamentos Humanos, cujo secretário-adjunto foi Jorge Wilheim. O convite enfatizava seu *status* de destacada intelectual e, nessa qualidade, presidiu a mesa: *Diálogo sobre a democracia e a solidariedade no século XXI*. Regina Meyer, Malak Poppovic, Vilmar Faria e Marta

Gronstein faziam parte da delegação e foi com eles que Ruth percorreu os bazares, tomou o dulcíssimo chá de hortelã e visitou os tesouros da antiga Constantinopla.

> "Ruth Cardoso era uma infatigável e excelente presença. Foi convidada por Boutros Ghali para integrar o seleto grupo de doze personalidades nomeadas assessoras especiais do secretário-geral durante o evento, além de acompanhá-lo na entrega dos prêmios aos responsáveis pelas doze melhores práticas urbanas."
>
> JORGE WILHEIM[59]

Cinco anos mais tarde, Ruth presidiu o Comitê Nacional Beijing+5 e chefiou a delegação brasileira à conferência, realizada em Nova Iorque, onde os países-membros fizeram um balanço das conquistas alcançadas em 1995. Na ocasião, ela citou a aprovação, no Brasil, da lei nº 9100/1995, que ficou conhecida como "a Lei das cotas". O texto exigia a apresentação mínima de 20% de candidaturas femininas para cada partido ou coligação para as eleições daquele ano, para o cargo de vereador(a). Em 1997, foi substituída pela lei nº 9504 (parágrafo 3, art. 10) do Código Eleitoral Brasileiro, que passou a exigir 25% de candidaturas femininas para as eleições de 1998 e 30% a partir das eleições de 2000, para todos os cargos legislativos.

As viagens internacionais se multiplicavam. Ruth tinha um preparo incomum entre as primeiras-damas brasileiras para as visitas de Estado. Era fluente em várias línguas e podia discorrer com facilidade sobre muitos assuntos. Sabia com quem iria se encontrar e o que esperar no país visitado. Sua simpatia e *savoir-faire* garantiam o sucesso da visita e encantavam as autoridades estrangeiras. Tudo sem luxo ou pretensão, mas com estilo. Ela sempre conseguia algum tempo livre e corria aos museus e às livrarias.

Preservação de Áreas Naturais

Dra. Ruth Cardoso, entre outras qualidades como cortesia, inteligência e perspicácia, nos ajudou e muito na consolidação do Programa de Sítios do Patrimônio Mundial Naturais Brasileiros, quando foi proposto ao Fundo das Nações Unidas um projeto de 5 milhões de dólares de apoio a esses sítios, por iniciativa do Centro do Patrimônio Mundial. Essa história transcorreu, resumidamente, assim: durante o segundo mandato de Fernando Henrique Cardoso, o Brasil havia alcançado, entre 1999 e 2001, a inscrição de seis novos sítios do Patrimônio Mundial Natural na listagem da Unesco.

Esses novos sítios são as Reservas de Mata Atlântica do Sudeste, com cerca de 25 áreas protegidas, Costa do Descobrimento, com seis áreas protegidas de Mata Atlântica, Parque Nacional do Jaú, no estado do Amazonas, Reservas do Pantanal, Ilhas Oceânicas do Brasil, composto por Fernando de Noronha e Atol das Rocas, e Reservas de Áreas Protegidas do Cerrado. Além desses seis sítios, à época recém-inscritos, o Brasil já contava com o Parque Nacional do Iguaçu na lista de áreas naturais da Unesco.

Nessa mesma ocasião dra. Ruth Cardoso foi designada Conselheira da Fundação das Nações Unidas. Além dos diversos projetos sociais pelos quais se interessava, passou a defender as nossas pretensões dessa importante proposta. Mandou que uma de suas assessoras nos procurasse. Passamos a ela os dados referentes a esses projetos e graças a esses esforços o programa foi bem encaminhado. Quem fez a doação que possibilitou o projeto foi o milionário americano Ted Turner que, em jantar no Palácio da Alvorada, se referiu com muito carinho a essas metas e creditou a dra. Ruth Cardoso a conquista desse financiamento.

José Pedro de Oliveira Costa

> "Vi Ruth encantar-se com coisas belas, mas nunca a vi deslumbrada, fosse com reis, rainhas, príncipes ou princesas. Preferia as exposições nos museus a bater perna em lojas, mas podia se deixar encantar por uma roupa de um *designer*, por um broche original de artesão ou um belo xale indiano."
>
> MARIA IGNÊS BARBOSA[60]

Em 1995 o casal presidencial foi à Inglaterra, em visita oficial para a cerimônia comemorativa dos cinquenta anos do fim da Segunda Guerra Mundial. O protocolo da monarquia britânica era rigoroso e os chapéus femininos de uso obrigatório. Ruth se divertiu escolhendo seu modelo e ficou muito elegante nesse figurino.

A desigualdade social era uma questão candente. Já em janeiro de 1995 um decreto presidencial instalou o Conselho da Comunidade Solidária ao mesmo tempo em que encerrava as atividades da Legião Brasileira de Assistência. Ao assistencialismo vigente, que garantia a continuidade da carência, deveriam suceder ações de efetivo combate à desigualdade social e de fortalecimento da sociedade civil. O projeto é uma visão critica ao modelo histórico da politica social no Brasil.

> "Dona Ruth Cardoso foi capaz de dar um rumo inédito à política social no Brasil. Sua marca principal foi a ruptura com o clientelismo e o paternalismo, que foram dominantes ao longo de toda a nossa história. Ela foi decisiva nas duas características marcantes da política social definida no governo FHC: o envolvimento participativo de toda a sociedade na política do governo e a construção de uma rede de proteção social para os segmentos mais pobres, sem que isso se constituísse em dádiva do Estado."
>
> PAULO RENATO SOUZA[61]

Ruth Cardoso encontrou sua missão em Brasília, realizando o sonho da antropóloga apaixonada por seu país. Liderou o Conselho da

Conselho da Comunidade Solidária

Ao lado dos ministros de Estado, o Conselho da Comunidade Solidária incluía os seguintes membros da sociedade civil:
Almir de Souza Maia
Augusto César Antunes de Franco
Carlos Alves Moura
Daniela Mercury
Denise Dourado Dora
Éfrem de Aguiar Maranhão
Gilberto Gil
Horacio Lafer Piva
Joaquim de Arruda Falcão Neto
Manoel Dantas Barreto Filho
Maria de Nazaré Oliveira Imbiriba Mitschein
Maria do Carmo Brant de Carvalho
Miguel Darcy de Oliveira
Pedro Moreira Salles
Dom Raymundo Damasceno Assis
Regina Duarte
Romeu Miriam de Figueiredo
Rubem César Fernandes Sonia Maria Draibe
Viviane Senna

Comunidade Solidária entre 1995 e 2002. Manteve seus hábitos simples e sua integridade, mas precisou batalhar para conseguir respeito por seu trabalho, até mesmo para conseguir uma sala mobiliada para suas novas funções.

O conselho era composto originalmente por duas instâncias: a Secretaria Executiva, que coordenava as ações governamentais, dirigida por Ana Peliano, e o Conselho Consultivo, presidido por Ruth Cardoso e composto por dez ministros de Estado e 21 membros destacados da sociedade civil. Seu objetivo era a proposição de ações prioritárias na área social.

> "Preciso dizer que só percebi a magnitude da Comunidade Solidária mais tarde. Realmente esta foi a primeira Parceria Pública Privada – PPP do Brasil.
>
> Esta foi também a minha introdução – e creio não apenas minha –, ao conceito de Sociedade em rede. As possibilidades de distribuição de informação e de conhecimento eram imensas. Podia-se postar uma idéia, discuti-la, implementá-la e controlá-la. Dona Ruth compreendeu quão poderoso e eficiente era esse processo e usou-o com sabedoria."
>
> PEDRO MOREIRA SALLES[62]

Contrariando, eventualmente, declarações presidenciais, a questão social estava atrelada à questão econômica e a sociedade insatisfeita fazia ouvir seu clamor. Essa contradição estava presente no Conselho e a unanimidade era difícil. Em 1996 perceberam que precisavam assumir a responsabilidade de atrair a sociedade civil para um projeto conjunto de transformação social. Em maio de 1996 foram definidas estratégias próprias, abrindo espaços para a sociedade influir nas decisões governamentais. Era preciso atingir maior racionalidade no uso dos recursos públicos e privados.

“Como empreendedora que era, dona Ruth conseguiu unir ONGs, empresários e o governo federal, colocando em prática novos arranjos institucionais que envolviam a articulação de parceiros públicos e privados com diferentes tipos de recursos para viabilizar programas.”

ELIZABETE FERRAREZI[63]

Esse foi o modelo inovador que orientou o trabalho da Comunidade Solidária: novos canais de diálogo com o governo, fortalecimento da sociedade civil e parcerias em projetos inovadores. Assim nasceram as rodadas de interlocução política, um processo de deliberação pública que teceu uma rede de relações institucionais, legitimou sua ação e estabeleceu um novo padrão de relacionamento entre o Estado e a sociedade. Havia clareza nesse novo desenho, o terceiro setor despontava como nova força, não lucrativa ou governamental, pleno de potencial criativo e diversidade. Abandonava-se a visão de que a pobreza se compunha apenas de privações e necessidades e reconhecia-se seu conhecimento tradicional. Era um novo olhar sobre a realidade.

O foco e a unidade de propósitos da equipe da Comunidade Solidária permitiram que o grupo aprendesse fazendo, sem estratégia ou modelo a seguir. A criatividade tornou-se parte da sustentabilidade e a transformação era parte do processo.

“Combater a pobreza não é transformar pessoas e comunidades em beneficiários passivos de programas sociais. Toda pessoa tem habilidades e dons. Toda comunidade tem recursos e ativos. Combater a pobreza é fortalecer capacidades e potencializar recursos.”

COMUNITAS[64]

No Comunidade a rotina de trabalho de Ruth Cardoso era pautada por reuniões e articulações entre setores do governo, empresários

Terceiro Setor

A sociedade civil organizada se construiu na trajetória dos movimentos sociais de várias origens que aconteceram no Brasil desde a década de 1960. No início, eram pouco formalizados, mas foram se estruturando para defender causas sociais e oferecer resistência à ditadura. Tornaram-se eficazes defendendo direitos humanos, reconquistando o Estado de Direito através da Constituição de 1988 e expressando-se na Eco 92.

Seu rápido crescimento explicitado em institutos e fundações empresariais permitiu que nos anos 2000 já liderassem as discussões sobre responsabilidade social. Empresários e executivos atuantes vêm se conscientizando dessa responsabilidade e do peso de seu investimento social na transformação do país, que é um fator fundamental pelas características cruéis da estrutura socioeconômica brasileira. Do lado das empresas esse envolvimento é uma forte tendência, pois já se evidencia um melhor desempenho do público interno e a preferência do consumidor por produtos de empresas alinhadas com a responsabilidade social.

e lideranças sociais. Ela sabia que estava diante de um mar de realizações possíveis para alguém competente e bem colocado. Essa era a sua hora e para isso estava preparada. Sabia que a sociedade brasileira não mais espera tudo do Estado, mas é proativa, inova e experimenta em parcerias diversas que ampliam o alcance das ações sociais. Investir em capital humano e social possibilita o desenvolvimento.

A Secretaria Executiva e o Conselho eram unidades de despesa ligadas à Casa Civil da Presidência da República, mas o Conselho da Comunidade Solidária não tinha rubrica orçamentária para a criação de programas, dispondo apenas de uma verba mínima para pessoal e infraestrutura. Ruth foi ao empresariado e à sociedade civil e envolveu-os nesse processo, reconhecendo neles agentes importantes de mudança e exemplos de eficiência e eficácia.

> "Em quase uma década de convivência, Ruth jamais nos disse, a nós, que trabalhávamos com ela como conselheiros da Comunidade, o que deveríamos fazer. Nunca tomou uma decisão em assuntos nos quais estivéssemos envolvidos sem antes nos consultar. Recusava o mando, o controle que transforma colaboradores em objetos ou em instrumentos de qualquer propósito pessoal ou coletivo de que não compartilhassem como pares, sempre como iguais."
>
> AUGUSTO DE FRANCO[65]

O que se propunha era desenvolver ações complementares, por meio do terceiro setor, somando-as com a ação do Estado. Ao retirar do Estado o peso total dessa responsabilidade, mudou-se um paradigma, valorizou-se o conceito de parceria e conferiu-se eficácia e eficiência às ações sociais.

Decidida a desenvolver o terceiro setor, Ruth conseguiu financiamento do BID, da Unesco e do Banco do Brasil para estruturar seu grande projeto inovador, apoiado em um tripé poderoso: revisão da legislação pertinente, estímulo ao trabalho voluntário e disseminação de informações para e sobre a sociedade organizada.

Para essa tarefa de longo alcance Ruth Cardoso convocou pessoas em quem confiava, num amplo espectro da sociedade civil. Levou mulheres competentes para Brasília e advertiu-as sobre as pressões de lobistas e sobre os cuidados a serem tomados. Iara Prado se lembra da recomendação de distinguir entre ser e poder: estavam ali de passagem e não deveriam achar que o que estavam fazendo era suficiente, sempre poderiam fazer melhor.

Ela incluiu princípios do preexistente Conselho de Segurança Alimentar, renovados e ampliados, trabalhou com o Exército, reuniu à sua volta uma equipe colada à sua missão: Vilmar e Regina Faria, Miguel Darcy de Oliveira, Augusto de Franco, Thereza Lobo, Helena Sampaio, Efrém Maranhão, José Luiz Portela, Malak Poppovic e Wilma Guimarães. Maria Helena Gregori era a eficiente chefe de Gabinete, quando Maria Helena acompanhou o marido, nomeado embaixador em Portugal, Lola Berlinck a substituiu.

No período inicial de planejamento, Ruth foi conhecer os programas sociais no Acre, governado pelo petista Jorge Viana. Disseram a ela para não ir. Ruth não deu importância e foi ver a obra que lhe interessava. Logo na chegada comprou um colarzinho de mulungu, feito pelos índios, usou camiseta e calça de algodão, tirou fotografias com quem pediu e foi encantadora como sempre.

> "Quem estava aí era a autoridade acadêmica que não se escondia atrás da cátedra e a primeira-dama que não gostava de pompas. Tinha olhar direto, escuta genuína, compromisso."
>
> Marina Silva[66]

Membros importantes do empresariado nacional responderam ao apelo: Alfredo Rizkallah, Antônio Ermírio de Moraes, Eduardo Eugênio Gouvea Vieira, Fabio Barbosa, Horácio Lafer Piva, Joaquim

Falcão, Jorge Gerdau Johannpeter, José Safra, Lázaro Brandão, Manoel Felix Cintra Neto e Pedro Moreira Salles, entre muitos outros. O Sebrae Nacional também participou de muitos projetos e seu presidente Sergio Moreira foi um grande parceiro.

> "Três conceitos – focalização, participação e inovação – formam um conjunto que funciona como a base fundamental da estratégia da Comunidade. Eles inspiram o diálogo do Conselho com o governo e com a sociedade. Eles orientaram a implementação de iniciativas e ações sociais na direção do fortalecimento da sociedade civil."
>
> THEREZA LOBO[67]

Ao longo do tempo foi criado um novo padrão de projetos sociais voltados para os setores mais vulneráveis da população, com ênfase nos jovens, com execução descentralizada, monitoramento e avaliação. Surgiu uma colcha de retalhos do tecido social, costurada com excelência, paixão e generosidade.

> "Ela me convidou para fazer parte da Comunidade, que considero a coisa mais importante feita neste país, pelo menos nas últimas décadas. Era uma lição para mim, e um verdadeiro espetáculo, ver como ela conduzia as reuniões de trabalho, sempre sorridente, simpática, delicada e firme."
>
> REGINA DUARTE[68]

A maior inovação da Comunidade Solidária foi a articulação das ações desenvolvidas pelos vários programas: o princípio era não executar diretamente as ações mas, sim, planejá-las cuidadosamente.

Muitos dos representantes da sociedade civil que se interessaram pelo programa tinham experiência em trabalho comunitário, empreendedorismo, cultura, educação e liderança religiosa e empresarial.

Eram pessoas capazes de estabelecer diálogos, difundir e avalizar um projeto inovador, uma ideia em processo, flexível o suficiente para se transformar, em contato com as diversas realidades do país.

Ruth abriu canais de diálogo entre a sociedade e as agências governamentais; vislumbrou caminhos para atender a uma demanda ainda sem forma, mas reconhecida como necessária. Ela era uma hábil negociadora, dura e suave, convencia a todos, concordando com o que diziam mas conseguindo convencer os interlocutores de seu ponto de vista. Viveu-se uma experiência inédita de empreendedorismo, mobilização dos recursos e competências de diferentes setores e instituições em favor do desenvolvimento social.

> "Acho que todas as coisas que planejei – e o modo de planejar – estavam baseadas em resultados de meu trabalho como acadêmica. Isso me serviu basicamente para planejar todos os outros trabalhos: acredito até hoje (já acreditava antes) que o Brasil é uma sociedade que tem organizações bem no nível da base, que a sociedade civil responde, é organizada, porque isso era o resultado de meu trabalho de pesquisa. Ninguém acreditava nisso."
>
> Ruth Cardoso[69]

Ruth nunca acreditou em políticas sociais centralizadas e não-participativas. Desenvolvimento social é diferente de desenvolvimento econômico e o Brasil é um triste exemplo disso. O contraste entre nossa posição entre as nações mais desenvolvidas economicamente e o baixo Índice de Desenvolvimento Humano do país tornam clara essa cruel discrepância. Políticas sociais eficazes podem desenvolver o capital humano. Com esse foco, desenvolveram-se os programas da Comunidade Solidária. O planejamento envolveu a articulação entre a sociedade civil, as empresas privadas e o setor público e a construção de redes com amplas oportunidades para colaboração e comunicação.

Programas e resultados do Comunidade Solidária – de 1995 a 2002

O princípio comum a todos os programas inspirados por Ruth Cardoso foi o estabelecimento de parcerias entre o governo, o empresariado e a sociedade civil; a inovação, a descentralização, a transparência, o monitoramento e a avaliação.

Foi um trabalho intenso e variado atingindo variados setores carentes da sociedade.

1995 – Universidade Solidária

1996 – Alfabetização Solidária, Capacitação Solidária e Programa Voluntários

1997 – Rede de Informações do Terceiro Setor (RITS)

1998 – Artesanato Solidário

2000 – Comunitas e Rede Jovem

A vasta rede solidária articulada pelos mesmos princípios conseguiu resultados expressivos em oito anos. Cerca de 5,3 milhões de jovens e adultos brasileiros foram atendidos no processo inicial de alfabetização; 114 mil jovens em situação de risco treinados para o mercado de trabalho; 23 mil universitários trabalhando em projetos sociais em 1.300 comunidades brasileiras; trezentas universidades articuladas em rede; 244 mil alfabetizadores atuando como agentes de desenvolvimento nos 2.099 municípios mais pobres do país, espalhados em vinte estados e no Distrito Federal; quatrocentas mil pessoas atendidas em cinquenta telecentros; 36 centros de voluntariado; quatro mil artesãos que retomaram atividades praticamente extintas e 2.500 ONGs e associações comunitárias fortalecidas com recursos financeiros e conhecimento.

Em janeiro de 1996 já funcionava o Universidade Solidária (Unisol), programa que levava universitários e professores, em equipes multidisciplinares, para interagir com a população jovem dos municípios mais pobres do país. Ao partilhar práticas e conhecimentos, todos ampliavam sua formação e qualificavam-se para a vida.

Nessas comunidades afastadas os universitários transmitiam informações sobre organização, educação e saúde, e recebiam conhecimento em valores, cultura e história. O programa começou com 58 universidades e municípios, com apoio privado, governamental e a fundamental participação do Exército, com a expressiva atuação do coronel Alberto Carlos Fonseca, que cuidou da logística nos primeiros anos.

> "A Unisol está permanentemente aberta às inovações, ainda que mantenha seu caráter essencialmente educativo e baseado na troca de conhecimento, nos saberes e vivências entre equipes de universitários e moradores de municípios de todo o Brasil."
>
> ELISABETH VARGAS[70]

Ao buscar soluções locais para os problemas da comunidade visitada, os jovens cidadãos voluntários do Universidade Solidária tinham oportunidade de vivenciar a diversidade social e de se sentirem integrantes da transformação socioeconômica. Muitos empresários contribuíram para o programa. Algumas empresas, como o Banco Real, são parceiros constantes. Amigos e colegas de Ruth também se envolviam, colaborando voluntariamente na avaliação dos projetos das universidades.

Trabalhando na segurança de Ruth, o coronel Alberto Carlos Fonseca tornou-se mais um amigo. Com ela e sua equipe visitava os projetos em campo e, confessava, aprendeu a entender a diversidade. Nessas visitas Ruth vestia a camiseta do programa e na maior simplicidade perguntava e ouvia a todos. Ao lado a tenente Priscila, sua segurança pessoal, elegante de terninho escuro, foi algumas vezes confundida com a primeira-dama. Ruth se divertia com essas situações.

Uma única vez houve tensão nas visitas que realizava. Foi no Rio de Janeiro, na UniRio, quando, reunida com reitores do Sudeste para discutir a ampliação do programa, enfrentou estudantes em greve contra a privatização das universidades. Um pequeno, mas agressivo grupo entrou na sala atirando moedas e gritando palavras de ordem. Ruth levantou-se, ouviu as demandas e acalmou a situação. Como sempre, não dava ordens, apresentava sua posição e aceitava sugestões.

Um grande número de reitores ajudou a realizar o projeto em universidades públicas e privadas, deixando de lado eventuais diferenças, entrelaçados em redes de conhecimento compartilhado. A adesão de estudantes, por sua vez, se expandia e muitas vezes partia deles o apoio de sua universidade. Motivados e entusiasmados, são até hoje a alma do Universidade Solidária.

Ruth não queria apenas criar bons programas que atendessem as populações que as ações estatais tinham dificuldade de atingir. Era preciso também cuidar de institucionalizar esses programas, criar organizações independentes que administrassem essas ações, que fossem núcleos de desenvolvimento de novas tecnologias, que sistematizassem os conhecimentos adquiridos e que fossem capazes de articular parcerias.

A Associação de Apoio ao Programa Capacitação Solidária criou uma solução inovadora para atender jovens pobres, moradores das periferias metropolitanas, à margem do sistema educacional e do mercado de trabalho. O programa foi desenhado para promover a capacitação profissional e fortalecer as organizações da sociedade civil. Para isso também se estruturaram sistemas de monitoramento, avaliação, suporte e orientação para as organizações sociais, garantindo a eficácia do projeto.

Em cordel, o retrato da academia em campo

... Agradeço à senhora Ruth Cardoso
Porque a Universidade Solidária criou,
Dando grande oportunidade
À juventude estudantil
Pra ver a realidade
Do nosso querido Brasil.
... A Universidade Solidária
É uma aula de solidariedade
Onde o aluno vê a realidade
Que não passa na novela da televisão.
É muita gente pobre precisando
De alfabetização!
Também precisa de comida,
Saúde e Libertação.

Prof. Marcos Barbosa de Santana
Relatório em cordel, *Universidade Católica de Pernambuco, 1998*

> "Em 1996, 31% da população brasileira (48,6 milhões de habitantes) era constituída por adolescentes e jovens com idades entre dez e 24 anos. Desses, 78% viviam em áreas urbanas. Dados demográficos mostravam que o grupo de 15 a 19 anos vinha crescendo significativamente em termos absolutos nas regiões Nordeste e Sudeste, tornando-se, no ano 2000, uma das maiores proporções de jovens da história demográfica brasileira."
>
> Comunitas[71]

Na criação do programa Capacitação Solidária Ruth contou com a atenção e solidariedade de um número expressivo de empresários, professores universitários e profissionais liberais. Entre tantos, encontravam-se amigas da academia como Sonia Miriam Draibe, Lourdes Sola, Nelly Candeias, Maria Helena Gregori e também o advogado Eduardo Carvalho Tess.

O primeiro concurso de projetos para receber a atenção e os recursos distribuídos pelo Capacitação Solidária aconteceu simultaneamente no Rio de Janeiro e em São Paulo. Participaram 32 organizações, foram propostos 53 cursos e foram capacitados 1.073 jovens. Os recursos vieram da Federação Nacional de Distribuidores de Veículos Automotores (Fenabrave), a pioneira em acreditar na potencialidade do programa. Logo a seguir, Jorge Johannpeter Gerdau aderiu à proposta e, com a Fundação Mauricio Sirotsky, conseguiu a adesão de vários empresários gaúchos. Assim o Capacitação Solidária passou a atuar em Porto Alegre.

Um dos aspectos mais interessantes do programa era a ideia de que, além de profissionalizar os jovens, se capacitavam também as associações para a elaboração de projetos, execução de cronogramas de trabalho e desembolso de recursos. As organizações conheciam seus interesses, possibilidades e necessidades. As propostas de formação profissional identificavam ocupações emergentes no mercado de trabalho: cabeleireiros étnicos, animadores de festas infantis, produtores de adereços e fantasias, educadores ambientais. Era a teoria em prática.

Muitos dos jovens participantes do programa tiveram acesso ao primeiro emprego. Mas seu resultado mais notável foi incentivar a autoconfiança e proporcionar a todos e a cada um a oportunidade de demonstrar o quanto eram capazes de aprender.

Após a avaliação de milhares de projetos originados em organizações variadas, criou-se um curso de gestão social. O objetivo era criar condições que permitissem às ONGs superar o gargalo comum: a sustentabilidade. Ano a ano, ampliaram-se os projetos e os cursos destinados a capacitar organizações.

Ruth chamou Ivaldo Bertazzo para trabalhar com o pessoal do Capacitação. Surgiam novas ideias, novos atores sociais. Vieram os índios tuiúcas, de São Gabriel da Cachoeira, para participar de um espetáculo. Em cena, duas arquibancadas se enfrentavam, os cidadãos dançantes e os índios, que falavam e gesticulavam uns para os outros, em uma demonstração concreta da diversidade brasileira.

Os bons resultados foram evidentes e reconhecidos fora do país. Em 2001 o Capacitação Solidária recebeu o prêmio de Direitos Humanos da ONU. No ano, seguinte atraiu 150 novos parceiros: empresas e instituições públicas e privadas. O programa chegou a atuar em nove regiões metropolitanas brasileiras. Em 2002 Lola Berlinck assumiu a coordenadoria do Capacitação Solidária.

> "Voluntariado é expressão de solidariedade e cidadania. O gesto solidário contribui para ajudar pessoas em dificuldade, resolver problemas, melhorar a qualidade de vida da comunidade [...]. É oportunidade de se sentir útil, exercer sua criatividade, fazer o que se gosta, viver novas experiências, aprender coisas novas. Voluntariado é também escolha e ação."
>
> MIGUEL DARCY DE OLIVEIRA[72]

Cidadãos dançantes

"Cultura é trabalho e salário. Quero que tenham formação para poderem trabalhar, aprender e depois ensinar. Buscamos jovens que manifestem o desejo de aprendizado em música, artes plásticas, dança e teatro."

IVALDO BERTAZZO[73]

O projeto Cidadança começou no Rio de Janeiro em 2000 como Corpo de Dança da Maré, junto ao Centro de Estudos e Ações Solidárias da Maré (Ceasm); transferiu-se em 2003 para São Paulo, com o projeto Dança Comunidade, em estreita parceria com o Sesc-SP. Lucia e Maria do Carmo Campello de Souza assessoraram esses projetos.

Em 2006 Ivaldo Bertazzo e Inês Bogéa articularam novos parceiros: a Secretaria Especial para Participação e Parceria do Município de São Paulo, o Capacitação Solidária e a Escola de Educação do Movimento Ivaldo Bertazzo. Também captaram recursos do Fundo Municipal dos Direitos da Criança e do Adolescente, do Bradesco, Pão de Açúcar e Spal. Nessa fase, participaram cem adolescentes moradores de vários distritos de alta vulnerabilidade da capital paulista. Na primeira montagem, o encontro entre a preciosa bailarina indiana e o sambista sestroso, em Samwaad, *encantou as audiências. A grande cobra que promovia a união sinuosa do mundo fascinou Ruth Cardoso. Essas iniciativas tinham em comum um modelo que estimulou a transformação dos jovens em cidadãos atuantes, ou dançantes, como ensinou Ivaldo com maestria. Utilizar a dança como instrumento de cidadania, dar acesso à formação e ampliar sua relação com o mundo foi um passo natural.*

O Programa Voluntários foi lançado em 1996, com o objetivo de promover e fortalecer o voluntariado no Brasil. Suas ações incentivavam e apoiavam a implantação de centros de voluntários em todas as regiões. Ruth Cardoso convocou os cidadãos a doar tempo, trabalho e talento à construção de uma sociedade mais solidária. Sob sua liderança inconteste, os centros de voluntariado floresceram pelo país. O trabalho de Milu Vilela com voluntários é demonstração de um excelente aprendizado.

Ao assistir ao rápido desenvolvimento dos centros, Ruth comprovou sua hipótese de trabalho sobre a capacidade de organização da sociedade. Assim que a ideia se disseminou com sucesso, soube também, no momento certo, afastar-se dessa atividade.

Em continuidade ao Programa Voluntários e por iniciativa da sociedade civil, foi lançado em 2000 o Portal do Voluntário. Nascido de uma parceria com a Rede Globo, a Globo.com e a IBM Brasil, o portal desenvolve conteúdos e ferramentas de internet para voluntários, organizações e empresas. O Ano Internacional do Voluntário em 2001 motivou a ação de milhões de brasileiros e o país foi considerado pela ONU um exemplo para o mundo.

> "Todas as organizações criadas por Ruth Cardoso, entre elas a AlfaSol, estavam comprometidas com princípios e valores que refletem as ideias e ideais de sua sócia-fundadora: a superação da desigualdade social a partir do fortalecimento do potencial das pessoas e comunidades, construindo, dessa forma, soluções identificadas com a cultura, vocação e autonomia dos povos."
>
> REGINA CÉLIA ESTEVES DE SIQUEIRA[74]

Ainda em 1997, com Regina Esteves, Ruth desencadeou as ações do Alfabetização Solidária. A missão: reduzir os expressivos índices de analfabetismo e colaborar na oferta pública de educação para jovens e adultos. Qualquer que seja o parâmetro de avaliação adotado, é visível a relevância incomum dos resultados alcançados pelo AlfaSol. Juliana Opipari se engajou desde o início e Meiri Alabarce tinha com Ruth uma relação de grande entendimento e carinho. O programa amadureceu e consolidou seu método de trabalho. Articulou as três esferas do poder público com empresas, instituições de ensino superior e cidadãos comuns, criando uma rede mobilizada pela causa, com logística precisa.

> "A Alfabetização Solidária [...] sem abrir mão da mais absoluta certeza de que a educação é papel do Estado, tem procurado cumprir um papel relevante e histórico. Alcança os lugares mais distantes deste país, mobiliza recursos públicos e privados, identifica, planeja e age em conjunto com a comunidade acadêmica."
>
> ANTÔNIO ERMÍRIO DE MORAES[75]

Seu objetivo vai além de ensinar a escrever o nome e ler alguma coisa; estimula a pensar sobre o que foi lido e escrito. Reconhecendo a necessidade da "educação ao longo de toda a vida", consagrada pela Unesco, o programa criou saídas que possibilitam a ampliação do conhecimento dos jovens alfabetizados.

Em parceria com a Associação Brasileira de Cooperação (ABC), do Ministério das Relações Exteriores, a AlfaSol projetou-se internacionalmente. Em novembro de 2000, iniciou ações no Timor Leste, com a metodologia especialmente adaptada. Em 2001 chegou a Moçambique e São Tomé e Príncipe, alcançando Cabo Verde em 2002. Nesse mesmo ano, passou a atuar na Guatemala, trabalhando com sucesso em espanhol.

Essa experiência de transferência de tecnologia social comprova a qualidade dos princípios da AlfaSol: capacidade de mobilização aliada a um sistema de avaliação permanente e respeito pela identidade local.

Prêmios da Alfabetização Solidária

2007 – *Menção Honrosa Especial, da Comissão Econômica para a América Latina e o Caribe (Cepal)*

– *Prêmio Dubai – Melhoria do ambiente de qualidade de vida – UN – Habitat, programa das Nações Unidas para Assentamentos Humanos e Together Foundation*

– *Hall da Fama – Top of Mind para Fornecedores*

2004 – *Prêmio Rei Sejong de Alfabetização*

– *Prêmio da Rede de Inovações Educacionais para a América Latina e o Caribe – Innovemos*

2003 – *Organização das Nações Unidas para a Educação: uma das dez mais bem-sucedidas experiências de alfabetização existentes em todo o mundo*

2002 – *Participação no* kit *comemorativo da Década da Alfabetização (2003-2012), iniciativa lançada no início de 2002 pela Organização das Nações Unidas*

– Best Practice Certificate *da Organização das Nações Unidas*

2001 – *Comenius Medal Unesco*

2000 – *Prêmio Internacional de Alfabetização, em Paris*

– *Prêmio Direitos Humanos, Associação das Nações Unidas – Brasil*

1999 – *Unesco: Prêmio para iniciativas bem-sucedidas em educação*

Fonte: Alfabetização Solidária

O IBGE creditou à AlfaSol grande responsabilidade pela diminuição de 32,2% na taxa de analfabetismo no Brasil na década de 1990. A Organização dos Estados Americanos (OEA) distinguiu-a com o estabelecimento de relações formais, sendo a única entidade dedicada à educação a ocupar esse *status* no continente.

Ruth Cardoso mobilizou o Conselho da Comunidade Solidária para incentivar a criação da Rede de Informações para o Terceiro Setor (RITS), em 1997, além de apoiar a captação de recursos do Banco Interamericano de Desenvolvimento (BID) para cobrir custos de sua instalação, operação e desenvolvimento.

A RITS é uma organização da sociedade civil de interesse público (OSCIP), privada, autônoma e sem fins lucrativos. Tem *status* consultivo especial no Conselho Econômico e Social da ONU.

É uma rede virtual de informações, dirigida ao fortalecimento das organizações da sociedade civil e dos movimentos sociais. Fomenta e dá suporte ao compartilhamento de informações, conhecimento e recursos técnicos. Também desenvolve tecnologias de informação e comunicação, principalmente por meio da internet, para promover o desenvolvimento humano na sociedade em rede. Promove interação de políticas públicas com provedores de recursos relacionados com o tema.

> "A pobreza custa caro, temos de romper com práticas assistencialistas; as políticas sociais têm um caráter emancipatório, devem ser concebidas para combater a pobreza, não para domesticá-la e transformar os pobres em clientes do Estado."
>
> COMUNITAS[76]

Durante a grande seca de 1998 a Sudene pediu ao Conselho da Comunidade Solidária para buscar alternativas de renda no Nordeste que dessem oportunidade às mulheres, excluídas da força-tarefa, cujo planejamento partia do princípio de que apenas os homens eram chefes de família.

Respondendo prontamente, Ruth Cardoso e Adriana de Médici idealizaram o Projeto de Capacitação e Geração de Renda Artesanato Solidário. Adriana não pôde permanecer no programa, pois acompanhou o marido, embaixador, em missão no exterior. A embaixadora Regina Dunlop deu continuidade ao trabalho até 2002, reforçando a ideia de que o saber tradicional é um rico patrimônio cultural preservado pela pobreza. O ArteSol mapeou as comunidades pobres para criar oportunidades de geração de renda onde existisse artesanato de tradição. Introduziu melhores práticas, sem interferir na criatividade e no saber-fazer tradicional.

Como sempre, Ruth cercou-se de amigos. O antropólogo Antônio Augusto Arantes participou do programa e envolveu-se de tal modo com as artesãs de Divina Pastora, em Sergipe, que se encarregava de fazer compras para elas em São Paulo. Sua mulher, Marilia Andrade, produziu excelentes vídeos para o ArteSol.

O artesanato de raiz concentra-se fortemente no Nordeste do Brasil, exatamente onde a seca castiga mais a população. Preciosas colaboradoras como Macao Góes, Djacy Moreira e Luciana Valle foram peças-chave na instalação do programa. A parceria com a Fundação Nacional de Artes (Funarte) também foi fundamental para o projeto.

Combinando pesquisa e assessoria técnica, incentivando cooperativas, buscando consultoria de *designers* e aprimorando os produtos sem descaracterizá-los, o ArteSol deu qualidade à vida das artesãs e de suas famílias, tornando-as protagonistas de suas vidas.

Um dos resultados mais expressivos aconteceu em Esperança, na Paraíba, onde duas irmãs semianalfabetas faziam bonecas de pano que trocavam por produtos de primeira necessidade, vivendo de escambo. O ArteSol levou-as a uma escola, onde elas contaram sua história aos alunos e se sentiram fontes do saber. O relato ampliou-se em muitas histórias escritas pelos alunos e virou um livrinho que acompanha as bonecas Esperança, em seu sucesso de comercialização.

"Este trabalho teve início nas Rodadas de Interlocução Política do Conselho da Comunidade sobre o Marco Legal do Terceiro Setor, quando, por meio de consultas a uma centena de interlocutores, foram identificadas as principais dificuldades e apresentadas várias sugestões sobre como mudar e inovar a legislação relativa às organizações da sociedade civil."

Augusto de Franco[77]

Ruth Cardoso tinha consciência da necessidade de estabelecer novos parâmetros para regulamentar a atuação pública de atores privados sem fins lucrativos. A legislação mais recente sobre a atuação das organizações sociais datava de 1950 e era restrita às áreas tradicionais. As ações da Comunidade causaram ruído na esfera federal, pois não havia consenso na parceria entre os diversos ministérios que participavam do Conselho. Baseada em seus trabalhos como antropóloga, Ruth Cardoso tinha a certeza de que a sociedade brasileira tinha uma teia de organização em nível local. Essa rede poderia atuar articulada com o Estado em uma forma progressista, incluindo o terceiro setor, para reformar e fortalecer a ação do Estado.

A multiplicidade de novos modelos de atuação social, surgida no bojo dos movimentos sociais durante a redemocratização, não encontrava amparo nesses textos. Definidas por uma negativa, as ONGs incluíam desde santas casas até clubes de tiro. Não havia regulamentação. As sociedades reconhecidas como benemerentes lutavam por um certificado e se digladiavam para receber verbas governamentais, isentas de taxas públicas.

Sob a coordenação de Augusto de Franco, o Comunidade orquestrou o diálogo entre o governo e as organizações da sociedade civil para estabelecer o Marco Legal. Em 25 de março de 1999 foi promulgada a lei nº 9.790, dispondo sobre a qualificação de pessoas jurídicas de direito privado, sem fins lucrativos, como Organizações da Sociedade Civil de Interesse Público (OSCIPs), instituindo e disciplinando o termo de parceria.

> "É importante enfatizar que a Comunidade Solidária enfrentou muita resistência quando tentou implementar um novo referencial de ação social dentro das diversas esferas do governo, que estavam habituadas a sua própria lógica de ação. Elas estavam muitas vezes divididas em feudos políticos e raramente atuavam integradas"
>
> SIMONE DE CASTRO TAVARES COELHO[78]

Além de introduzir alterações no Marco Legal, o Conselho instrumentou frequentemente um dialogo político na construção de uma visão mais estratégica da questão social. Selecionaram-se as prioridades de intervenção e estimularam-se a mobilização social e as experiências inovadoras.

> "A Rede Jovem surgiu trabalhando muito com o acesso à internet e mais que isso, com o direito à informação. A internet vai ditar a lógica daqui a trinta anos, como já está ditando agora. A nossa idéia não é trabalhar a informática simplesmente, mas sim o acesso ao mundo de possibilidades que isso representa."
>
> RENATA AFFONSO[79]

A importância do domínio das novas tecnologias para ampliação da empregabilidade tornou-se fundamental na década de 1990. Não era apenas o caso de operar um computador; todo jovem adquire rapidamente essa habilidade, se tiver acesso ao equipamento. Mais que isso, Ruth queria que os jovens da periferia tivessem espaços para se conectar com o mar de conhecimentos disponíveis na internet. Tornavam-se necessários locais equipados e com monitoria técnica; pontos de reunião e sociabilidade associados à aprendizagem de um trabalho contemporâneo. Essa preocupação deu origem à Rede Jovem.

Iniciou sua atuação no final de 1999, com a criação de seis Espaços Jovem, equipados com computadores, acesso à internet, monitores e metodologia própria. As localidades beneficiadas foram o Rio de Janeiro, São Paulo, Santo André, Salvador e Itaboraí. Desenvolvendo conhecimentos, crescendo em conteúdo, multiplicaram-se posteriormente os espaços instalados em áreas metropolitanas. Com o programa Rede Jovem, Ruth via na prática mais uma das teorias caras à sua formação: a das redes sociais de Manuel Castells.

A Comunitas foi criada em junho de 2000 para dar continuidade à estratégia da Comunidade, com ações diversas daquelas exercidas pelos outros programas. Sua missão é mobilizar recursos e competências para enfrentar a pobreza e reforçar a democracia e foi formulada por Ruth, Thereza Lobo, Miguel Darcy de Oliveira, Augusto de Campos e Vilmar Faria que a nomeou.

> "Não é casual que a obra de Ruth no governo de Fernando Henrique tenha recebido o nome de Comunidade e sua continuidade fora do governo se chame Comunitas. Isto é, numa polarização clássica das ciências sociais, o Estado e o poder de um lado e o comunitário e cidadão como núcleo do que é propriamente a sociedade, de outro. De um lado, o Estado inovador e de outro a comunidade como essência da sociedade, repositório no fundo afetivo de valores de questionamento das forças de desagregação e de mudança próprias daquilo que se pauta por uma racionalidade coisificante."
>
> José de Souza Martins[80]

Em 2003, finda a presidência FHC e com a extinção do Conselho da Comunidade Solidária, Ruth assumiu a Comunitas, desenvolvendo ideias, pesquisas e projetos de responsabilidade social surgidos nesse novo contexto em que o governo se orientou para o assistencialismo. É importante registrar que as inovações promovidas estimularam o crescimento de organizações da sociedade civil e da participação de empresas privadas na ação social no Brasil.

Comunitas ancorou os três projetos da Comunidade Solidária que ainda não eram independentes: o Artesanato Solidário, o Portal do Voluntário e a Rede Jovem, estabeleceu-se no Rio de Janeiro sob a direção de Thereza Lobo e Miguel Darcy de Oliveira. A Alfabetização Solidária, a Universidade Solidária e o Artesanato Solidário transferiram-se para São Paulo, onde já funcionava a Capacitação Solidária.

> "Uma certeza de todos nossos olhares andantes: o artesanato de tradição é o meio para o fortalecimento das identidades culturais e da cidadania e para a geração de trabalho e renda, digna e regular, para os artesãos e suas famílias. Esta é a razão de ser do Artesanato Solidário."
>
> HELENA SAMPAIO[81]

Sob a coordenação da antropóloga Helena Sampaio o Artesanato Solidário abrigou-se, inicialmente, em uma sala da Fundação Escola de Comércio Álvares Penteado, no largo de São Francisco. Uma exposição dos polos de artesanato, no Instituto Tomie Ohtake, com curadoria notável de Janete Costa, marcou o dinamismo da nova direção e seu estabelecimento em Pinheiros.

O ArteSol buscou soluções de sustentabilidade. Para enfrentar o gargalo da comercialização, instalou um *showroom*, com estoque para pronta-entrega. Entretanto, comprar à vista e vender a prazo contraria a lógica capitalista; foi preciso diversificar as atividades para equilibrar as contas e para que o fruto principal do trabalho revertesse para o produtor e não para o atravessador. Participando de feiras e exposições, divulgando seu trabalho em palestras pelo país e no estrangeiro, Helena Sampaio ampliou o mercado do artesanato de raiz e desenvolveu uma política cultural consistente. O Artesanato Solidário conquistou, assim, o selo da *International Fair Trade Association*, demonstração do reconhecimento mundial pelo comércio justo.

Em 2006 o Artesanato Solidário constituiu-se em OSCIP independente. Em seus dez anos de existência já desenvolveu cem projetos em comunidades carentes do país. Constantemente apresentando seu modelo de atuação, preparando projetos e fazendo parcerias, o ArteSol tornou-se Pontão de Cultura em 2008, um dos elos da rede do Programa Cultura Viva do Ministério da Cultura.

Ruth tinha enorme prazer em escolher peças de artesanato, visitar os núcleos produtores, ouvir as artesãs. A beleza das cerâmicas, a perfeição dos filés e labirintos, dos bordados, da cestaria, a simbologia contida na mandala tramada e colorida, que mantinha em seu escritório, afirmavam o prazer da missão cumprida.

O grande salto qualitativo dado pela equipe do Portal do Voluntário, liderada por Bruno Ayres, foi o desenvolvimento, em 2007, da Rede V2V (Voluntário para Voluntário). O V2V é uma rede social que incentiva voluntários a se tornarem produtores de suas próprias ações e não somente consumidores de oportunidades de voluntariado fornecidas por organizações sociais. A promoção do voluntariado deve ser feita de forma autônoma e descentralizada pelo próprio voluntário.

> "Um dos recursos naturais mais abundantes e subutilizados é a força da colaboração voluntária. Em um futuro próximo, as novas redes colaborativas, como as que criaram a Wikipédia e o Linux, vão desempenhar um papel muito importante na criação de soluções para as necessidades da sociedade. A única forma de entender essas redes de colaboração é participando delas."
>
> BRUNO AYRES[82]

O V2V conseguiu alcance internacional e se conectou globalmente, ligando mais de cem mil voluntários em cerca de 15 mil ações sociais em oitenta países. Empresas socialmente responsáveis, conscientes que seus interesses vão além da cadeia produtiva, franquearam o V2V para seus funcionários, clientes e familiares desenvolverem ações voluntárias.

A Rede Jovem continuou a conquistar espaços e, em 2008, sob a coordenação de Alice Gismonti, desenvolveu o projeto Wiki Mapa Jovem criando um mapa georreferenciado de oportunidades para a juventude, estruturado de forma colaborativa, via celular. Nesse ano o projeto 0800 Rede Jovem esteve entre os vencedores do prêmio Nike Changemakers – Sport for a better world, concorrendo com 381 inscritos, de mais de sessenta países.

A Rede Jovem faz parte do rol de projetos Global Giving, aptos a receberem doações internacionais. Atua diretamente em 56 Espaços Jovens, no Rio de Janeiro, São Paulo, Espírito Santo, Mato Grosso do Sul, Brasília, Bahia e Ceará disponibilizando equipamentos, treinamento e indicando aos jovens conexões interessantes para renda e cidadania.

Ruth mantinha a clareza em seus princípios: trabalho em rede e articulação de parcerias entre os diversos setores na construção de soluções para os problemas sociais. A ampliação dos investimentos das empresas em responsabilidade social, a formação de institutos e fundações, o aperfeiçoamento das organizações levaram à necessidade de transformação dos projetos.

Fundamental é continuar atuando no fortalecimento da prática das organizações, potencializar e ampliar as ações, originar projetos articulados e fortalecer a rede de parceiros criada ao longo dos anos, sem perder o foco: reforçar a democracia, gerar solidariedade social e melhorar a qualidade de vida das populações e comunidades.

Por seu trabalho, as homenagens foram muitas e constam de seu currículo, mas, pelo conjunto de suas ações em favor da solidariedade global, Ruth Cardoso recebeu em 2000 a medalha Eleanor Roosevelt – Val-Kill Award, da qual muito se orgulhava.

Em 2003 Ruth foi indicada pelo presidente do Banco Interamericano de Desenvolvimento, Enrique Iglesias, para presidir o Conselho sobre Mulher e Desenvolvimento. Nesse mesmo ano foi a primeira mulher a receber o Colar do Centenário do Instituto Histórico e Geográfico de São Paulo.

Os últimos projetos idealizados por Ruth Cardoso voltaram-se para a realidade da sociedade global e suas oportunidades inovadoras. Recursos para investimento social estavam disponíveis nos orçamentos de empresas privadas. Discussões sobre esse tema resultaram em consultorias que estabeleceram parâmetros para investimentos apoiados nos princípios norteadores da Comunidade.

Dirigida por Thereza Lobo, a consultoria da Comunitas envolve análise e elaboração de índices de responsabilidade social; política e programas de investimento social; desenho, implementação e acompanhamento de projetos; boletins e relatórios.

O crescimento do terceiro setor havia deslocado o desafio: para tornar o investimento social corporativo mais eficiente era preciso qualificá-lo, envolvendo lideranças para delinear o futuro da sociedade. Esse campo de inovação foi explicitado no programa Nova Visão de Desenvolvimento, desenhado em 2004, com 22 empresas e fundações privadas.

Para ampliar esse caminho buscou-se parceria no exterior. Em 2007 Renata Camargo Nascimento articulou visitas exploratórias em Nova Iorque, com o apoio da Alcoa, então presidida por Alain Belda. O contato com o Comitee for Encouraging Corporate Philanthropy resultou em parceria envolvendo a transferência de tecnologia social e o projeto Benchmarking em Investimento Social Corporativo (Bisc), desenvolvido com vinte empresas que reuniam cerca de 50% do Produto Interno Bruto brasileiro e desenvolvido em 2008.

Além de presidir a Comunitas, Ruth continuou apoiando os programas da sua rede solidária. Sempre presente na formulação de novos projetos, acompanhando os resultados e abrindo portas, ela atuava nos programas Alfabetização Solidária, Capacitação Solidária,

Universidade Solidária e Artesanato Solidário. Sua atividade no terceiro setor era incessante e sua pessoa admirada e muito respeitada.

Ruth entendia que cabia à sociedade civil lutar contra as preferências e privilégios que retardam as ações sérias. Em defesa do terceiro setor ela escreveu:

> "Reafirmo que o terceiro setor só floresce em ambiente democrático e, quando reaparecem os costumes clientelísticos do passado, todos perdem, tanto o governo quanto a sociedade. As instituições do terceiro setor não sobrevivem sem transparência e credibilidade porque dependem da legitimidade que lhes confere a sociedade."
>
> Ruth Cardoso[83]

A preocupação com os jovens e com as mulheres, a defesa dos direitos humanos, o fortalecimento da sociedade civil e da democracia, a promoção do desenvolvimento sustentável, a construção de uma ordem mundial mais justa foram os principais campos de atuação de Ruth Cardoso em prol da paz, entendida não só como ausência de guerra, mas também como respeito à dignidade humana e à justiça social.

Era necessário inovar, pensar adiante e melhorar sempre. A partir de suas pesquisas anteriores, ela sabia que a sociedade trabalha mobilizada. Em 2008 Ruth propôs a Lola Berlinck realizar uma pesquisa para entender melhor o quadro complexo de cursos técnicos e de capacitação para jovens, oferecidos por programas governamentais em parcerias com ONGs e por escolas técnicas.

O desenvolvimento da Comunidade e o trabalho na Comunitas permitiram a Ruth fazer uma síntese de sua vida. Acompanhando os programas em campo ela visitou o Brasil profundo, voltou a ser a antropóloga curiosa e percebeu que os recursos do governo não alcançavam aqueles aos quais se destinavam. Os novos atores na cena precisavam de voz e ela ofereceu a sua, reforçada por sua posição no país entre 1995 e 2002. Ao apresentar o resultado de seu trabalho, ela afirmava a transformação que iniciara:

> "Temos a convicção de que está em gestação no Brasil uma mudança de grande alcance – e para melhor – no padrão histórico de relacionamento entre Estado e sociedade. Parcerias múltiplas e flexíveis envolvendo ONGs, associações comunitárias, universidades, empresas, vários níveis e instâncias de desenvolvimento fazem com que novos recursos e competências estejam sendo investidos na área social com crescente eficiência e transparência."
>
> RUTH CARDOSO[84]

Ao erguer pontes de solidariedade ela desafiou a mídia a exercer sua responsabilidade social, mobilizando a opinião pública. O incentivo e apoio à construção de redes e alianças entre diferentes comunidades, setores sociais e países para ampliar o impacto de ações em prol da democracia, dos direitos das mulheres e do desenvolvimento com equidade marcaram a trajetória social, acadêmica e política de Ruth Cardoso.

Sua cerimônia de adeus, em 25 de junho de 2008, envolveu na mesma tristeza a família, os amigos, os colaboradores, os políticos, as entidades sociais e o povo brasileiro. Ruth Cardoso tornara-se nossa única unanimidade nacional.

> "Para nós que andávamos desiludidos com a vida pública, Ruth significou, até mesmo na hora de sua morte, uma esperança."
>
> EUNICE R. DURHAM[85]

Em setembro de 2008, com Fernando Henrique Cardoso ocupando a cadeira de Ruth, reuniu-se o Fórum do projeto Benchmaking em Investimento Social Corporativo com 23 líderes de grandes corporações e foi produzida uma análise da situação do investimento corporativo brasileiro e da importância do envolvimento direto dos lideres empresariais nesse processo. Em nome dos empresários presentes Jorge Gerdau Johannpeter prestou homenagem à guerreira Ruth Cardoso.

Seu legado foi analisado no Tributo prestado pelos membros das academias em que participou e dos alunos brilhantes que formou, realizado na Universidade de Columbia, em Nova Iorque, em abril de 2009. Nele ficou explícita sua capacidade de ação em campos diversos, seu poder convocatório articulando diversos setores da sociedade, construindo pontes e diálogos, trabalhando as questões de gênero, refletindo sobre as metamorfoses do presente e a construção do futuro.

> "Tudo que foi feito neste país no plano acadêmico, no da sociedade civil, no da responsabilidade social e no político, com a dignidade que se der a esta expressão como instrumento do bem comum, passou por ela e dela recebeu contribuição."
>
> José Gregori[86]

49. Oliveira. Rosiska Darcy de. *Elegia para uma grande dama*. Rio de Janeiro: [s. n.], 2008.
50. Duarte, Regina. *Por ser a verdadeira revolucionária que não perdeu a ternura*. Depoimento concecido à autora.
51. Pimentel, Silvia. O governador e a feminista. *Revista Época*. Edição 198.
52. Corrêa, Rosemary. *Revista Época*. Edição 198.
53. Kehl, Maria Rita. Ruth Cardoso. *Folha de S.Paulo*, São Paulo, 26 jun. 2008.
54. Cardoso, Fernando Henrique. Livro de visitas da Fazenda Bela Vista, Pardinho, São Paulo, 1994.
55. Caldeira, Jorge. *Depoimento concecido à autora*, São Paulo, 10 fev. 2009.
56. Meyer, Regina. *Entrevista concecida à autora*, São Paulo, 29 nov. 2008.
57. Kramer, Dora. Uma mulher incomum. *O Estado de S. Paulo* (*on-line*). São Paulo, 24 jul. 2008.
58. Martins, José de Souza. Ruth, a opção pascal na política. *O Estado de S. Paulo* (*on-line*). São Paulo, 24 jul. 2008.
59. Wilheim, Jorge. *O Caminho de Istambul*. Rio de Janeiro: Paz e Terra, 1998.
60. Barbosa, Maria Ignês. Uma mulher de estilo. *O Estado de S. Paulo* (*on-line*). São Paulo, 24 jul. 2008.
61. Souza, Paulo Renato. Dona Ruth e a era FHC. *O Estado de S. Paulo*, São Paulo, 27 jul. 2008.
62. Salles, Pedro Moreira. Pronunciamento de abertura no Tributo a Ruth Cardoso. Nova Iorque, Universidade de Columbia, abr. 2009.
63. Ferrarezi, Elizabete. Legados da professora Ruth Cardoso ao Governo Federal. *Revista do Serviço Público*, Brasília, n. 59, abr./jun. 2008.
64. Cardoso, Ruth et al. *Comunidade Solidária:* fortalecendo a sociedade civil e promovendo o desenvolvimento social. Rio de Janeiro: Comunitas, 2002.
65. Franco, Augusto de. Ruth. *Folha de S.Paulo*, São Paulo, 26 jun. 2008.
66. Silva, Marina. De feliz memória. *Folha de S.Paulo*, São Paulo, 30 jun. 2008.
67. Lobo, Thereza. *Comunidade solidária:* estratégia para desenvolvimento social. VII Congreso Internacional sobre la Reforma del Estado y de la Administración Pública, Lisboa, oct. 2002.
68. Duarte, Regina. *Por ser a verdadeira revolucionária que não perdeu a ternura*. Depoimento concedido a ...
69. Cardoso, Ruth. Entrevista. Nosso interesse em entrevistar Ruth Cardoso. *Cadernos de Campo*, São Paulo, v. 8, n. 7, 1997/98 , p. 149-166. Entrevista concedida a Alessandra El Jar et al.
70. Vargas, Elisabeth. Entrevista sobre Ruth Cardoso, São Paulo, 10 nov. 2008.

71. Cardoso, Ruth et al. *Comunidade Solidária:* fortalecendo a sociedade civil e promovendo o desenvolvimento social. Rio de Janeiro: Comunitas, 2002.
72. Oliveira, Miguel Darcy de. Entrevistas Portal do Voluntariado.
73. Bertazzo, Ivaldo. *Entrevista concedida à autora,* São Paulo, 08 nov. 2008.
74. Siqueira, Regina Célia Esteves de. *Entrevista concedida à autora,* São Paulo, 21 out. 2008.
75. Moraes, Antônio Ermírio de. Alfabetização: uma alavanca contra a pobreza. *Folha de S.Paulo,* São Paulo, 24 nov. 2002.
76. Cardoso, Ruth et al. *Comunidade Solidária:* fortalecendo a sociedade civil e promovendo o desenvolvimento social. Rio de Janeiro: Comunitas, 2002.
77. Franco, Augusto de. Ruth. *Folha de S.Paulo,* São Paulo, 26 jun. 2008.
78. Coelho, Simone de Castro Tavares. Principles and Conceptions of the Comunidade Solidária. In: *Tribute to Ruth Cardoso,* New York, Kellog Center at Columbia University, Apr. 2009. Mimeografado.
79. Affonso, Renata. *Rede Jovem.*
80. Martins, José de Souza. Ruth, a opção pascal na política. *O Estado de S. Paulo* (*on-line*). São Paulo, 24 jul. 2008.
81. Sampaio, Helena. *Bibliografia sobre a juventude.* São Paulo: Edusp, 1995.
82. Ayres, Bruno. *Entrevista concedida à autora,* São Paulo, mar. 2009.
83. Cardoso, Ruth et al. *Comunidade Solidária:* fortalecendo a sociedade civil e promovendo o desenvolvimento social. Rio de Janeiro: Comunitas, 2002.
84. Idem, ibidem.
85. Durham, Eunice R. *Tribute to Ruth Cardoso.* Kellog Center at Columbia University, New York, Apr. 2009, video.
86. Gregori, José. A guerreira suave. *O Estado de S. Paulo,* São Paulo, 24 jul. 2008.

Família Cardoso, Palácio da Alvorada, 2002

Ruth, Helena Sampaio e Rogério Proença, S. Francisco do Canindé, s/d

Marco Maciel e Fernando Henrique na posse de Ruth na presidência do Conselho da Comunidade Solidária, Brasília, 1995

Regina Duarte, parceira no Comunidade Solidária, 1995

Maria Helena Gregori, amiga e chefe de gabinete de Ruth, 1998

Ruth, em funções oficiais, s/d

Bill Gates e Ruth, parceria no Capacitação Solidária, s/d

Ruth Cardoso e amigos, entre eles Miguel Darcy e Thereza Lobo da Comunitas (à esquerda), em viagem aos Estados Unidos, s/d

Regina Célia Esteves, diretora da Alfabetização Solidária, recebe Prêmio Direitos Humanos, da Associação das Nações Unidas – Brasil, Parlamento Latino-Americano, São Paulo, 1999

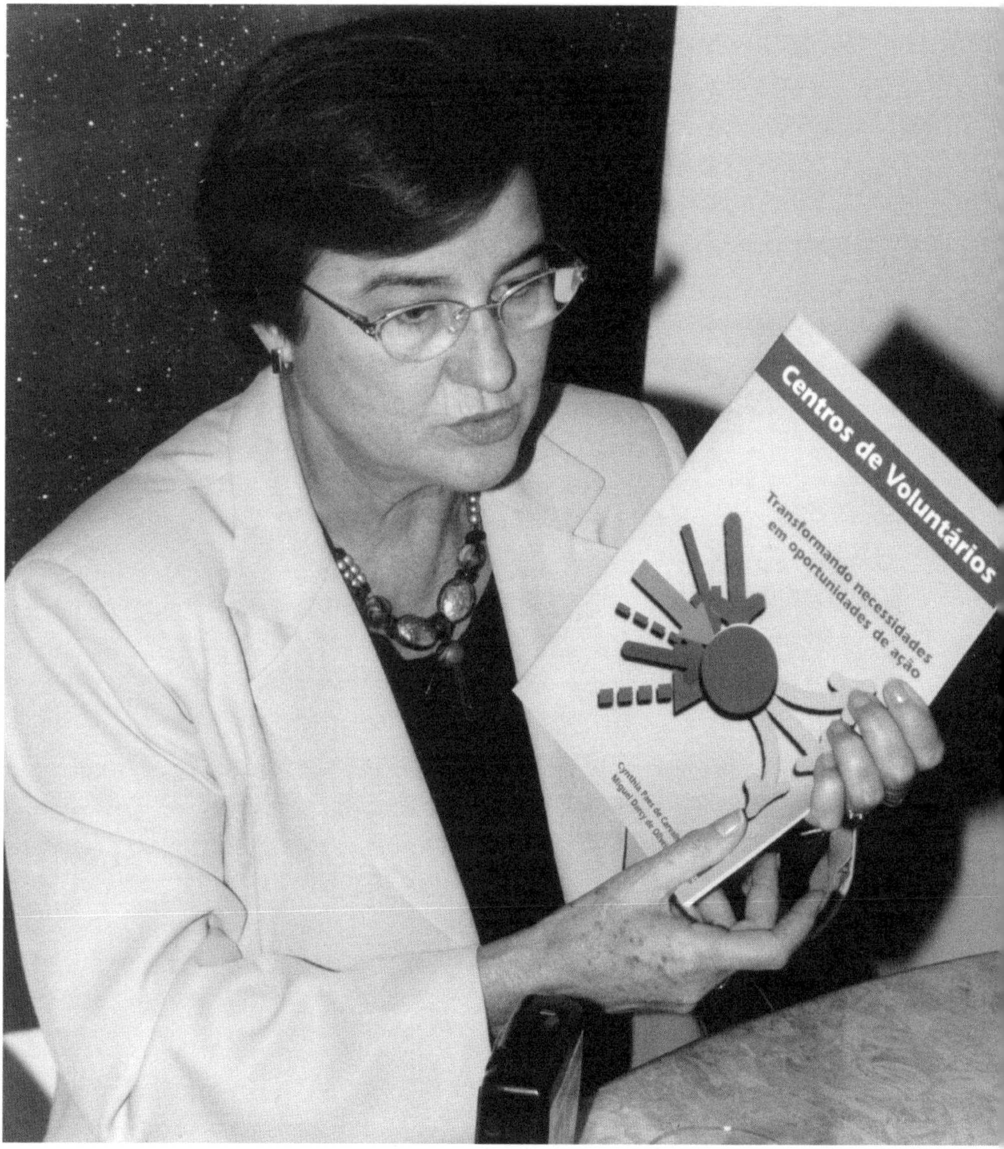

Lançamento dos Centros de Voluntários, 1998

Margarida Cintra Gordinho, da Comunitas; Lola Berlinck,
da Capacitação Solidária; Sonia Draibe, Conselheira e Regina Esteves,
da Alfabetização Solidária, 2002

Ivaldo Bertazzo, Danilo Santos de Miranda, Ruth Cardoso
e Marília Pêra, parceiros no Comunidade Solidária, 2002

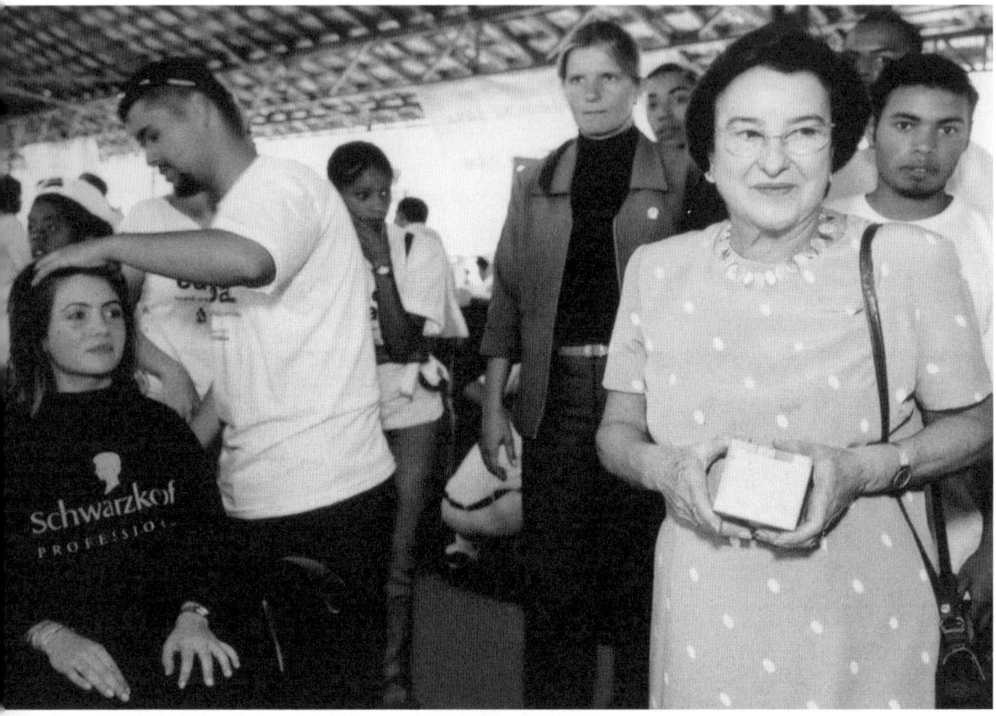

Oficinas de capacitação profissional, Capacitação Solidária,
São Paulo, 2002

Marcelo Cherto, Ruth Cardoso, Fernando Nabais de Furriela,
Helena Sampaio, Janete Costa, Artesanato Solidário, São Paulo, 2003

Antonio Arantes, Jacqueline Melo, Ruth, Macao Góes e Claudia Márcia, parceiros do ArteSol, 2004

Ruth, Gilda, Fernando Henrique e Cristina Portugal Gouvêa
aniversário de 60 anos de Gilda Portugal Gouvêa
Circolo Italiano, São Paulo, 2004

Ruth, Fernando Henrique e Horacio Berlinck no Teatro Fecap, 2007

Renata Camargo Nascimento sucedeu Ruth
na direção do Comunitas, 2007

AGRADECIMENTOS

Antonio Augusto Arantes Neto, Augusto de Franco, Antonio Longo, Antonio Maschio, Beatriz Cardoso, Maria Filomena Gregori, Carmo Sodré Mineiro, Célia Galvão Quirino, Célia Sakurai, Cristiana Barreto, Danielle Ardaillon, Evangelina Seiler, Fernando Henrique Cardoso, Francisco Weffort, Gilberto Velho, Gilda Portugal Gouvêa, Hubert Alquéres, Ivaldo Bertazzo, Iara Prado, João Rodarte, Jorge Caldeira, José Álvaro Moisés, José Arthur Giannotti, José Gregori, José Pedro de Oliveira Costa, José Serra, Jovelino Mineiro, Leona S. Forman, Lilia Moritz Schwarcz, Lola Berlinck, Lourdes Sola, Luciana Cardoso, Lucio Kowarick, Luiz Meyer, Malak Poppovic, Maria Helena Gregori, Maria Lygia Quartim de Morais, Maria da Penha Villa Lobos, Maria do Rosário Salles, Marilda Martins Monteiro, Marilia de Andrade, Nelly Candeias, Paulo Henrique Cardoso, Pedro Paulo Poppovic, Regina Célia Esteves de Siqueira, Regina Faria, Regina Meyer, Renata Camargo Nascimento, Renato Miranda, Rosa Maria Fisher, Rosiska Darcy de Oliveira, Simone de Castro Tavares Coelho, Sonia Draibe, Suzana Prado, Tessy Hantschel, Thereza Lobo e Yvonne Maggie.

REFERÊNCIAS BIBLIOGRÁFICAS

A REVOLUCIONÁRIA discreta. *Veja*. São Paulo, 2 jul. 2008.

ANTROPÓLOGA desenvolveu estudos sobre japoneses. *Correio de Sergipe*. Aracaju, 26 jun. 2008.

ARDAILLON, Danielle. *Entrevista concedida à autora,* São Paulo, 24 nov. 2008.

BARBOSA, Maria Ignez. Uma mulher de estilo. *O Estado de S. Paulo*. São Paulo, 24 jul. 2008.

BEAUVOIR, Simone de. *O segundo sexo: a experiência vivida*. 2. ed. São Paulo: Difusão Europeia do Livro, 1967, v. 2, p. 500.

BERLINCK, Cyro. Trechos de discurso no 40º aniversário da Escola de Sociologia e Política, em 1973. *Fundação Escola de Comércio Álvares Penteado*: 100 anos. Cedido por Lola Berlinck, para FECAP *100 anos*. São Paulo: Editora Marca D'Água, 2002.

BERTAZZO, Ivaldo. *Entrevista concedida à autora,* São Paulo, 8 nov. 2008

BIDERMAN, Iara. Valeu, companheira! Revista *Claudia*. São Paulo: Editora Abril, 13 ago. 2008.

BLAY, Eva. A guerreira da lógica feminina. *O Estado de S. Paulo*. São Paulo, 24 jul. 2008.

BORREN, Sylvia. Quando os investidores querem opinar. *Alliance Brasil, Notícias*. São Paulo, 28 fev. 2008.

BRANDÃO, Ignácio de Loyola. Mulher bem educada não precisa ouvir. *Tribuna da Imprensa*. Araraquara, 29 ago. 2008.

________. O meu adeus a Ruth Cardoso. *O Estado de S. Paulo*. São Paulo, 2008.

CAMARGO, Candido Procópio Ferreira de et al. *São Paulo 1975:* crescimento e pobreza. São Paulo: Edições Loyola, 1976.

Campos, Augusto de. Alfabetização Solidária. Ruth Cardoso, mais que primeira, é única. *Folha de S.Paulo*. São Paulo, n. 37, 26 jun. 2008.

Candido, Antonio. Um instaurador. Homenagem a Florestan Fernandes. *Revista Brasileira de Ciências Sociais*, n. 30, 2007.

Cardoso, Fernando Henrique. De professor a presidente. *A Revista*. São Paulo: Takano, 2002, Edição especial n. 1.

_______. A Cartola de Fernando. *Carta Capital*, São Paulo, n. 3, out. 1994, p. 12-22, Entrevista concedida a Mino Carta.

Cardoso, Ruth C. Leite. Tese de Doutorado em Ciências, Depto. de Medicina Preventiva, Faculdade de Medicina da Universidade de São Paulo. Entrevista concedida a Regina M. B. Faria. Mimeografado.

_______. Nosso interesse em entrevistar... *Cadernos de Campo*. São Paulo, 1997/98, v. 8, n. 7, p. 149-166. Entrevista concedida a Alessandra El Far; Carlos Machado Dias Junior; Edgar Teodoro da Cunha; Fraya Frehse; Ronaldo R. M. de Almeida.

_______. Mudança sociocultural e participação política nos anos 80. In: *Lições da década de 80*. São Paulo: Edusp, 1985, p. 193-200.

_______. O papel das associações juvenis na aculturação dos japoneses. *Revista de Antropologia*. v. 7, p. 101-122, 1959.

_______. Organização familiar entre os japoneses de São Paulo. *Revista do Museu Paulista*. n. 14, p. 277-282, 1963.

_______. Movimentos sociais urbanos: balanço crítico. In: B. Sorg e M. H. T. de Almeida (org.). *Sociedade e Política no Brasil Pós-64*. São Paulo: Brasiliense, 1984.

_______. A sociedade em movimento: novos atores dialogam com o Estado. *Revista Crítica das Ciências Sociais*, v. 32, n. 1, p. 129-134, 1991.

_______. La télévision et les jeunes au Brésil. *Révue Internationale des Sciences Sociales*. v. 141, p. 531-538, 1994.

_______. Coautora de: *Caring for the Future – Report of the Independent Commission on Population and Quality of Life*. Oxford, New York: Oxford University Press, 1996.

_______. *A pesquisa antropológica com populações urbanas, problemas e perspectivas*. In: Cardoso, Ruth (org.). *A aventura antropológica:* teoria e pesquisa. 3. ed. Rio de Janeiro: Paz e Terra, 1997.

_______. *Estrutura familiar e mobilidade social:* estudo sobre os japoneses no Estado de São Paulo. Org. Masato Ninomiya. Edição Comemorativa 90 Anos da Imigração Japonesa no Brasil. 2. ed. 1998.

_______. *Familiar Structure and Social Mobility:* A Study of the Japanese in the State of São Paulo. Edição trilíngue: português/inglês/japonês, organizada por Masato Ninomiya. 2. ed. São Paulo: Kaleidos-Primus Consultoria e Comunicação Inte-

grada, 1998.
_______. *The Experience of Comunidade Solidária:* building partnerships for social development in Brazil. Harvard University, USA, 2002.
_______. *Civil Society and Democratization:* The Brazilian Experience. Conferência na Brown University, USA, 2004.
_______. *Civil Society Social Policies:* The Experience of Comunidade Solidária. Conferência na Brown University, USA, 2004.
_______. O terceiro setor na ordem do dia. *O Estado de S. Paulo*. São Paulo, 27 set. 2004.
_______. *Entrevista com Ruth Cardoso.* Informativo da FFLCH/USP, São Paulo, n. 21, set./out. 2005. Entrevista concedida a Daniel Cantinelli Sevillano.
CARDOSO, Ruth; FIGUEIREDO, Orlando; MARCHI, Álvaro. *Formas de trabalho no Município de São Paulo*. São Paulo: Secretaria do Trabalho, Indústria e Comércio, Governo do Estado de São Paulo, 1954.
_______; SAMPAIO, Helena. *Bibliografia sobre a juventude*. São Paulo: Edusp, 1995.
_______; OLIVEIRA, Darcy de; FRANCO, Augusto de. *Um novo referencial para a ação social do estado e da sociedade*. Trilíngue: português/inglês/espanhol. Brasília, 2000.
_______; OLIVEIRA, Miguel Darcy de; FRANCO, Augusto de. *7 Lições da Experiência da Comunidade Solidária:* um novo referencial para a ação do Estado e da Sociedade. Rio de Janeiro, Comunitas, 2001.
_______; OLIVEIRA, Miguel Darcy de; LOBO, Thereza; FRANCO, Augusto de. *Comunidade Solidária:* fortalecendo a sociedade civil e promovendo o desenvolvimento social. Rio de Janeiro, Comunitas, 2003.
_______ et al. *Sociedade civil, democracia e desenvolvimento:* ideias e experiências em debate. São Paulo: Comunitas/Editora Marca D'Água, 2006.
_______ et al. *Relatório BISC 2008 – primeiros números e achados*. São Paulo: Comunitas/Editora Marca D'Água, 2008.
COHN, Gabriel et al. Homenagem a Ruth Cardoso. *Informe*. São Paulo: Faculdade de Filosofia, Letras e Ciências Humanas, n. 44, USP, 2008.
DOUTORA Ruth Cardoso, exemplo de ativismo social. *Diário da Manhã*. São Paulo: 27 jun. 2008.
ECHEVERRIA, Regina. Ruth Cardoso. *A Revista,* São Paulo, Takano, 2002, Edição especial n. 1.
ECHEVERRIA, Regina. Ruth Cardoso. *A Revista,* São Paulo, Takano Editora Gráfica, n. 3, 2001.
FALETTO, Enzo. Memórias do (Sub) Desenvolvimento. *Revista Tempo Social*. São Paulo, v. 19, n. 1, jun. 2007. Entrevista concedida a José Marcio Rego.

Faria, Vilmar; Potter, Joseph (Org.). Depoimentos de Fernando Henrique Cardoso, Ruth Cardoso, Fernando Limongi, Elza Berquó, Maria Herminia Tavares de Almeida, Guillermo O'Donnell. Fecundidade e telenovela. *Revista Novos Estudos,* São Paulo, Cebrap, n. 62, mar. 2002.

Ferrarezi, Elisabete. Legados da professora Ruth Cardoso ao Governo Federal. *Revista do Serviço Público,* Brasília, n. 59, abr./ jun. 2008.

Fischer, Rosa Maria; Falconer, A. P. Voluntariado Empresarial – estratégias de empresas no Brasil. *Revista de Administração,* São Paulo: rausp, v. 36, p. 15-27, 2001.

_______. *Cidadania Organizacional: um caminho de desenvolvimento.* In: Marisa Éboli. (Org.). Universidades Corporativas: Educação Para as Empresas do Século xxi. São Paulo: Schmukler Editores Ltda., p. 123-136 , 1999.

_______. Exercício Democrático na Maria Antônia. In: *Causos do eca* – Estatuto da Criança e do Adolescente. São Paulo: Fundação Telefônica, 2008.

Fischer, Rosa Maria; Souza, Elidia M. de Moraes. *Altruismo y desarrollo social.* Contrapunto de America Latina. Espanha, jul./sept. 2006.

fgv/cpdoc. *Dicionário Histórico Biográfico Brasileiro.* Verbete: Passeata dos cem mil. Disponível em: <www.cpdoc.fgv.br/comum/htm/index.htm>

Fórum de Líderes Empresariais. *Desafio para os ceos: liderar empresas, delinear o futuro da sociedade.* bisc – Benchmarking em Investimento Social Corporativo. São Paulo: Comunitas, set. 2008.

Gregori, José. A guerreira suave. O *Estado de S. Paulo* (*on-line*). São Paulo: 24 jul. 2008.

Gregori, Maria Helena. *Entrevista concedida à autora,* São Paulo, 4 out. 2008.

Hamburguer, Esther. *Conferência na Academia Paulista de Letras.* São Paulo, 10 jul. 2008.

Hantzschel, Tessy. *Depoimento concedido à autora,* São Paulo, 24 set. 2008.

Homenagem a Wilmar Faria, Uma. Depoimentos de Fernando Henrique Cardoso, Ruth Cardoso, Fernando Limongi, Elza Berquó. *Novos Estudos.* São Paulo: Cebrap, n. 62, mar. 2002.

Homenagem a Ruth Cardoso. São Paulo: Envolverde, 27 jun. 2008.

Júnior, Gonçalo. *A cerimônia do adeus.* São Paulo: Pesquisa Fapesp, Ed. 149, jul. 2008.

Katz, Renina. *Depoimento concedido à autora,* São Paulo, 27 nov. 2008.

Kramer, Dora. Uma mulher incomum. O *Estado de S. Paulo* (*on-line*). São Paulo, 24 jul. 2008.

La Reine est morte... *Jornal do Brasil,* Rio de Janeiro, 1 ago. 2008.

Leite, Miriam Lifchitz Moreira. *Memória da Faculdade de Filosofia (1934-1994).* Estudos Avançados, v. 8, n. 22, 1994.

LERNER, Michael. Especial: Luz e sombra na filantropia organizada. *Notícias*. São Paulo: Alliance Brasil, 28 fev. 2008.

LIMA, Jorge da Cunha. Ruth e os benefícios do rigor. *Folha de S.Paulo*. São Paulo, 17 set. 2008.

LOBO, Thereza. Comunidade solidária: estratégia para desenvolvimento social. In: VII *Congreso Internacional sobre la Reforma del Estado y de la Administración Pública*. Lisboa, oct. 2002

LUIZ FRANCISCO. ACM diz que FHC "não sofreu na ditadura". *Folha de S.Paulo*. São Paulo, 2 jun. 2001.

MAGGIE, Yvonne. *Entrevista concedida à autora,* Rio de Janeiro, 3 dez. 2008.

MATIAS, S. et al . *Os acontecimentos da rua Maria Antônia*. São Paulo, Depoimento de José Arthur Giannotti. FFLCH/USP, p. 65, 1988.

MARTINS, José de Souza. Ruth, a opção pascal na política. O *Estado de S. Paulo* (*on-line*). São Paulo, 24 jul. 2008.

MAUTNER, Anna Verônica. Elegia às mulheres da Maria Antonia. O *Estado de S. Paulo* (*on-line*). São Paulo, 24 jul. 2008.

MEGUERDITCHIAN, Alan. *Estado deve disponibilizar recursos para o terceiro setor, mas não impor projetos*. São Paulo: Envolverde, 10 abr. 2008.

MEYER, Regina. *Entrevista concedida à autora,* São Paulo, 29 nov. 2008.

MIRANDA, Renato. *Depoimento concedido à autora,* São Paulo, 10 nov. 2008.

MONTEIRO, Marilda. *Entrevista concedida à autora,* São Paulo, 15 out. 2008.

MORAIS, Rita. Sopa de três letras. *IstoÉ Independente,* São Paulo: 15 set. 2009.

MORENO, Ricardo. Um exemplo de virtude. *Revista Criativa*. São Paulo: Editora Globo, 12 ago. 2008.

MORI, Kyiomoro. USP trouxe uma revolução no ensino. *Folha de S.Paulo,* 30 set. 2003.

NASSIF, Luis. *As primeiras-damas.* Sorocaba: Cruzeiro do Sul, 27 jun. 2008.

O IMPORTANTE legado que Ruth nos deixa. Araraquara: Tribuna Impressa, 29 jun. 2008.

OLIVEIRA, Miguel Darcy de. *A invenção das ONGs:* sociedade civil e terceiro setor em seu relacionamento com o Estado no Brasil. Rio de Janeiro: Comunitas, 1998.

OLIVEIRA, Lúcia Lippi. A Sociologia de Guerreiro Ramos. In: *O Projeto Unesco: 50 anos depois,* seminário organizado pelo Centro de Estudos Afro-Orientais da UFBA, jan. 2004.

OMIDYAR, Pierre. *The Omydiar Network.* Seattle: ITConversations, 7 out. 2005.

PIMENTEL, Sylvia. O governador e a feminista. *Revista Época,* São Paulo, n. 198, 4 mar. 2002.

PRADO, Yara. *Entrevista concedida à autora,* São Paulo, 5 nov. 2008.

PRATA, Antônio; MATTOSO, Chico; WERNECK, Zé Vicente da Veiga. *Cabras – Cadernos de Viagem*. Universidade Solidária, Minas Gerais: Comunidade Solidária, 1999.

PORTELA, José Luiz. Professora Ruth: Uma craque! *Lance!* Rio de Janeiro: 1 jul. 2008.

RELATÓRIO Atuação do Conselho da Comunidade Solidária na Reforma do Marco Legal do Terceiro Setor 1997-2002. Brasília: Comunidade Solidária, nov. 2002.

RUTH CARDOSO morre aos 77 anos em São Paulo. O *Estado de S. Paulo (on-line)*. São Paulo, 24 jun. 2008.

SAMPAIO, Plínio de Arruda. *Depoimento concedido à autora,* São Paulo, 25 jun. 2008.

SANTANA, Marcos Barbosa de. *Relatório em Cordel*. Recife: Universidade Católica de Pernambuco e Universidade Solidária, 1998.

SANT'ANNA, Lourival. A fiscalização é inútil, burocrática. *O Estado de S. Paulo,* São Paulo, 29 ago. 2004.

SCHMIDT, Margrit. Inspiração Solidária. *Jornal de Brasília,* Brasília, 27 jun. 2008.

SCHWARCZ, Lilia Moritz. Vida exemplar de uma intelectual. *O Estado de S. Paulo,* São Paulo, 24 jul. 2008.

______. A mestra da boa utopia. *O Estado de S. Paulo,* São Paulo, 19 abr. 2009.

SEGATTO, Cristiane. A primeira-dama da República. *Revista Época,* São Paulo, 30 jun. 2008.

SILVA, Marina. De feliz memória. *Folha de S.Paulo*. São Paulo, 30 jun. 2008.

SILVEIRA, João; FRANCA, Antonio M. (Org.). *Álbum de Araraquara*. São Paulo, 1915.

SOLA, Lourdes. *Entrevista concedida à autora,* São Paulo, 7 nov. 2008.

SOUZA, Paulo Renato. Dona Ruth e a era FHC. O *Estado de S.Paulo (on-line)*. São Paulo, 27 jul. 2008.

STEVENS, Kimberly. Fotografar a casa, sinal de prestígio. *Folha de S.Paulo,* Casa & Tendência, São Paulo, 16 jul. 2008.

TORQUATO, Gaudêncio. Que dama! O *Estado de S. Paulo (on-line)*. São Paulo, 24 jul. 2008.

VELHO, Gilberto. Ruth Corrêa Leite Cardoso. *Dados, Revista de Ciências Sociais*. Rio de Janeiro: IUPERJ, 2008.

_______. *Entrevista concedida à autora,* Rio de Janeiro, 3 dez. 2008.

WILHEIM, Jorge. *O Caminho de Istambul*. Rio de Janeiro: Paz e Terra, 1998.

YOUNG, Ricardo. *Uma brasileira singular*. São Paulo: Consumidor Moderno, 20 ago. 2008.

Pela mão de Ruth, a mensagem: "Que todos continuemos juntos lutando pela paz no mundo e pela solidariedade"

Cronologia Ruth Cardoso

Ruth Corrêa Leite nasceu em Araraquara, interior de São Paulo, em 19 de setembro de 1930.

Casou-se com seu colega de faculdade Fernando Henrique Cardoso, em 1952, com quem teve três filhos.

Foi antropóloga, professora universitária e pesquisadora.

Desenvolveu pesquisas e publicou livros e artigos no Brasil e no exterior sobre temas situados na interseção entre sociedade, cultura e política.

Entre seus trabalhos publicados incluem-se: imigração, movimentos sociais, juventude, gênero, meios de comunicação de massa, violência, cidadania, desenvolvimento local sustentável e trabalho.

Faleceu na cidade de São Paulo, em 24 de junho de 2008.

Ruth Corrêa Leite Cardoso

Araraquara, 19.09.1930 – São Paulo, 24.06.2008

Formação profissional

1988
Estudos de Pós-Doutorado, Columbia University e New York University, New York, Estados Unidos (set/dez)
1972
Doutora em Ciência Social (Antropologia Social), Faculdade de Filosofia, Ciências e Letras, Universidade de São Paulo
Tese: "Estrutura Familiar e Mobilidade Social: Estudo dos Japoneses no Estado de São Paulo"
Orientadora: Eunice Ribeiro Durham
1962-63
Seminário do Prof. Claude Lévi-Strauss, Antropologia Estrutural, École Pratique des Hautes Études, Paris, França, 1º semestre
1959
Mestre em Sociologia, Faculdade de Filosofia, Ciências e Letras, Universidade de São Paulo
Dissertação: "O Papel das Associações Juvenis na Aculturação dos Japoneses"
1952
Bacharel e Licenciada em Ciências Sociais, Faculdade de Filosofia, Ciências e Letras, Universidade de São Paulo

Carreira docente

2004
Professora visitante, Thomas J. Watson Jr. Institute for International Studies, Universidade de Brown, Providence, Estados Unidos. Seminário: Civil society and democratization: the Brazilian experience" (outubro)
2000
Professora visitante, Center for Latin American Studies, University of Califórnia, Berkeley, Estados Unidos. Seminário: "Juventude no Brasil: situação social, cultura, políticas públicas" (fevereiro)
1992
Aula sobre "*Movimentos sociais e as políticas públicas*".
Fundação Joaquim Nabuco, Recife (janeiro)

1991
Aula sobre "*Cultura e Política*". Programa de Pós-Graduação da Universidade Federal de Minas Gerais, Belo Horizonte, MG (abril)
1989
Professora visitante, Departamento de Antropologia, Instituto de Filosofia e Ciências Humanas, UNICAMP, Campinas (Curso: "Antropologia das Sociedades Complexas") (março/maio)
1986
Professora Associada Emérita, Departamento de Ciências Sociais, Faculdade de Filosofia, Letras e Ciências Humanas, Universidade de São Paulo, São Paulo
1984
Aula sobre "*Saúde da Mulher*", Curso de Especialização em Saúde Pública, Faculdade de Saúde Pública, Universidade de São Paulo (26 de março)
1983
Professora visitante, Programa de Pós-Graduação em Antropologia Social, Museu Nacional, Universidade Federal do Rio de Janeiro. Curso: "Antropologia Urbana" (segundo semestre)
1981
Professora visitante, City and Regional Planning Department, University of Califórnia, Berkeley, Estados Unidos. Curso: "Comparative Urban Cultures" (setembro-dezembro)
1981
Professeur Associé, Maison des Sciences de l'Homme, École des Hautes Études en Sciences Sociales, Paris, França
1980
Aulas no Curso de Especialização sobre "*Práticas Coletivas Populares: Movimentos Sociais Urbanos*", Instituto de Planejamento Regional e Urbano, Pontifícia Universidade Católica (PUC) de São Paulo (17 e 22 de setembro)
1972-86
Professora Associada de Antropologia, Departamento de Ciências Sociais, Faculdade de Filosofia, Letras e Ciências Humanas, Universidade de São Paulo (Docente em cursos de Graduação e de Pós-Graduação, Diretora de seminários teóricos e de pesquisa, e Orientadora de teses de Mestrado e de Doutorado)
1967
Professora de Antropologia, Escola de Sociologia, Universidade Católica, Santiago do Chile, Chile
1966
Professora de Antropologia Estrutural, Escola de Sociologia, Universidade do Chile, Santiago do Chile, Chile

1965-66

Professora de Antropologia, Faculdade Latino-Americana de Ciências Sociais – FLACSO/UNESCO, Santiago do Chile, Chile

1960-72

Professora-Assistente, Cadeira de Antropologia, Faculdade de Filosofia, Ciências e Letras, Universidade de São Paulo (em licença entre 1965 e 1968)

1957-60

Assistente voluntária do Professor Egon Schaden, Cadeira de Antropologia, Faculdade de Filosofia, Ciências e Letras, Universidade de São Paulo

1956-58

Professora, Cadeira de Sociologia e Educacional, Curso de Formação de Desenho, Fundação Escola de Comércio Álvares Penteado - FECAP, São Paulo

1955-57

Professora, Cadeira de Antropologia, Etnografia Geral e do Brasil, Faculdade Municipal de Filosofia, Ciências e Letras de Sorocaba, SP

1952

Professora de História, Colégio Estadual Fernão Dias Paes, São Paulo

Orientação de mestrandos e doutorandos

Ana Cristina Braga Martes, Mestrado, Ciência Política, "A Institucionalização dos Movimentos de Reivindicação Urbana – A Secretaria de Saúde e a Participação Popular (1979-1989)", (1990), Ana Cristina Braga Martes, Doutorado, Ciência Política, "Imigrantes Brasileiros em Massachusetts" (16/06/1998) Ana Maria Doimo, Doutorado, Ciência Política, "Movimento Popular no Brasil Pós-70: Formação de um Campo Ético-político" (14/03/1992), Ana Maria Niemeyer, Doutorado, Ciência Política, "Lugar da Pobreza: Moradia e Controle de Espaço na Favela de São Paulo: 1972-1977" (22/08/1985), Arthur Fauzi Eid, Mestrado, Antropologia, "Pelo Espaço do Cangaceiro, Jurubeba" (1975), Atílio Machado Peppe, Doutorado, Ciência Política, "Associativismo e Política na Favela Santa Marta (RJ)" (10/03/1991), Cátia Aida Pereira, Mestrado, Ciência Política, "Conselhos Tutelares da Criança e do Adolescente de São Paulo e os Segmentos Pró-cidadania" (1994), Cátia Aida Pereira da Silva, Doutorado, Ciência Política, Novas Facetas de Atuação dos, Promotores de Justiça – Um Estudo sobre o Ministério Público e a Defesa de Interesses Sociais (11/06/1999), Célia Sakurai, Mestrado, Ciência Política, Estudo da Associação de Bairro na Cidade de São Paulo, (09/1988), Claudia Ribeiro Menezes, Doutorado, Ciência Política, "Missionários e Índios em Mato Grosso (os Xavantes da Reserva de São Marcos)" (1985), Cláudio José T. Vouga, Doutorado, Ciência Política, "Como num Espelho, Obscuramente: Estudo de Caso de uma Fábrica e de um Grupo Operário" (1987), Danielle Ardaillon, Mestrado, Ciência Política, "O Cotidiano de Mulheres Profissionais: o Engodo do Individualismo" (01/12/1989), Eduardo Piragibe Graeff, Mestrado, Ciência Política, "Política de Investimentos Estrangeiros no Pós-guerra; a Instrução nº. 113 e as Origens do Modelo Associado" (1981), Esther Imperio Hamburger, Mestrado, Ciência Política, "A Formação, o Desenvolvimento e a, Dissolução da Ação Coletiva: o Caso da Autonomia de Santo Amaro" (09/1988)Gilberto Velho, Doutorado, Ciência Política, "Nobres e Anjos: um Estudo de Tóxicos e Hierarquia" (1975), Giralda Seyffert, Doutorado, Ciência Política, "Nacionalismo e Identidade Étnica: a Ideologia Germanista e o Grupo Étnico Teuto-brasileiro numa Comunidade do Vale do Itajaí" (1976) Guita Grin Debert, Mestrado, Ciência Política, "Representações Políticas no Período Populista" (1977) Guita Grin Debert, Doutorado, Ciência Política, "Política do Significado no Início dos anos 60: o Nacionalismo no Instituto Superior de Estudos Brasileiros (ISEB) e na Escola Superior de Guerra (ESG)" (1986) Helena Maria Santana Sampaio, Mestrado, Ciência Política, "Uma Experiência de Participação Popular: o Programa 'Cozinha Comunitária'" (1988) Helena Maria Santana Sampaio, Doutorado, Ciência Política, "O Setor Privado de Ensino Superior no Brasil" (16/06/1998) Irlys Alencar Firmo Barreira, Doutorado, Ciência Política, "Refazendo a Política: as Múltiplas Faces dos Movimentos Sociais" (04/1988) José Guilherme Cantor Magnani, Doutorado, Ciência Política, "Festa no Pedaço: o Circo-teatro e Outras Formas de Lazer e Cultura Popular" (1982) José Ricardo Ramalho, Mestrado, Ciência Política, "Mundo do Crime: a Ordem pelo Avesso" (1978) José Ricardo Ramalho, Doutorado, Ciência Política, "Estado-patrão e Luta Operária: Conflitos de Classe na Fabrica Nacional de Motores" (1986) Ligia Maria Sigaud, Doutorado, Antropologia, "Clandestinos e os direitos, estudo sobre trabalhadores da cana-de-açúcar de Pernambuco" (1977) Maria Carlota de Souza Paula, Doutorado, Ciência Política, "Oportunidades e Entraves ao Desenvolvimento Tecnológico no Brasil: experiências da indústria aeronáutica e da indústria" (07/1988) Maria de Lourdes Scarfon, Doutorado, Ciência Política, "Populações Marginais no Município de Piracicaba" (11/10/1983) Maria Filomena Gregori, Mestrado, Ciência Política, "O Silêncio é Cúmplice da Violência: Discurso e Prática do SOS Mulher e a 'Fala' das Mulheres que Sofrem Violência", (09/1988) Maria Filomena Gregori, Doutorado, Ciência Política, "Meninos nas Ruas: a Experiência da Viração" (08/09/1997) Mariza Corrêa, Doutorado, Ciência Política, "Ilusões da Liberdade, a Escola Nina Rodrigues e a Antropologia no Brasil" (04/11/1982) Neide Stercy, Doutorado, Ciência Política, "Conflito no Araguaia (Peões e Posseiros Contra a Grande Empresa)" (1985) Oscar Ruben Landi, Doutorado, Ciência Política, "A Trama Cultural da Política: a Argentina dos Anos 80" (08/1988) Regina Célia Reyes Novaes, Doutorado, Ciência Política, "De Corpo e Alma: Catolicismo, Classes Sociais e Conflitos no Campo" (06/1988) Sergio Paulo Rouanet, Doutorado, Antropologia, "Imaginário e poder" (1979) Simone Castro Tavares Coelho, Mestrado, Ciência Política, "O Estado e os Movimentos Pro- Moradia: a Construção de uma Relação Democrática" (1992) Simone Castro Tavares Coelho, Doutorado, Ciência Política, "Terceiro Setor: um Estudo Comparado entre Brasil e Estados Unidos" (1998) Teresa Pires do Rio Caldeira, Mestrado, Ciência Política, "Imagens do poder e da sociedade" (1982)

Participação em projetos de pesquisa

1994
"O papel das ONGs da Região Metropolitana de São Paulo na educação préescolar".
Cocoordenadora, Centro Brasileiro de Análise e Planejamento (CEBRAP), São Paulo.

1992-1994
"Juventude e modernidade: os jovens dos anos 90 – Segunda parte".
Coordenadora, Centro Brasileiro de Análise e Planejamento (CEBRAP), São Paulo.

1992-93
"Etnografia dos aprendizes: jovens e universitários". Coordenadora, Centro Brasileiro de Análise e Planejamento (CEBRAP), São Paulo.

1992
"O aluno trabalhador". Coordenadora, Centro Brasileiro de Análise e Planejamento (CEBRAP), São Paulo, e Secretaria Estadual de Educação, São Paulo.

1991-92
"Juventude e modernidade: os jovens dos anos 90 – Primeira parte". Coordenadora, Centro Brasileiro de Análise e Planejamento (CEBRAP), São Paulo.
1990-92
"Os jovens dos anos 80: caminhos e descaminhos em busca do futuro". Coordenadora, Centro Brasileiro de Análise e Planejamento (CEBRAP), São Paulo.
1990
"Estudos especiais sobre a década de 80. Subprojeto: proposta de elaboração do livro Solidariedade e Institucionalização: os movimentos sociais e as agências públicas.
1989
"Políticas sociais: a relação entre as agências públicas e seus usuários". Coordenadora, Centro Brasileiro de Análise e Planejamento (CEBRAP), São Paulo.
1988-89
"Movimentos sociais: a busca de novos horizontes interpretativos – 2a. Fase". Coordenadora, Centro Brasileiro de Análise e Planejamento (CEBRAP), São Paulo.
"Políticas de promoção da participação popular: implantação dos Conselhos de Comunidade nos Centros de Saúde". Coordenadora, Centro Brasileiro de Análise e Planejamento (CEBRAP), São Paulo, e Instituto de Saúde, Universidade de São Paulo.
1987
"Movimentos sociais: a busca de novos horizontes interpretativos - 1a. Fase". Coordenadora, Centro Brasileiro de Análise e Planejamento (CEBRAP), São Paulo.
"Custos sociais e econômicos das políticas alimentares: mudanças nos comportamentos econômicos e familiares das mulheres da Grande São Paulo". Cocoordenadora, Centro Brasileiro de Análise e Planejamento (CEBRAP), São Paulo, e Institut Français de la Recherche Scientifique pour le Développement en Coopération (ORSTOM), Paris, França.
1986-87
"Descentralização administrativa e política local de Saúde". Coordenadora, Centro Brasileiro de Análise e Planejamento (CEBRAP), São Paulo, e Financiadora de Estudos e Projetos (FINEP), São Paulo.
1985-86
"Descentralização administrativa e política local". Coordenadora, Centro Brasileiro de Análise e Planejamento (CEBRAP), São Paulo, e Fundação do Desenvolvimento Administrativo (FUNDAP), São Paulo.

1985-95
Pesquisador Sênior em antropologia, Centro Brasileiro de Análise e Planejamento (Cebrap), São Paulo
1985
"Cotidianidade, economia informal e consumo familiar: as mulheres como agentes de mudança". Coordenadora, Centro de Estudos sobre Ação Comunitária (CEDAC), São Paulo.
1983-84
"Violência urbana". Coordenadora, Universidade de São Paulo.
"Levantamento sócio-econômico da população favelada do município de Osasco, São Paulo". Coordenadora, Universidade de São Paulo e Centro de Estudos sobre Ação Comunitária (CEDAC), São Paulo.
1981-83
"A periferia de são Paulo e o contexto da ação política".
Coordenadora e pesquisadora, Centro Brasileiro de Análise e Planejamento (CEBRAP), São Paulo, e Universidade de São Paulo.
1981
"As periferias urbanas na representação de seus moradores. Estudo em quatro cidades paulistas". Coordenadora, Centro Brasileiro de Análise e Planejamento (CEBRAP), São Paulo, e Universidade de São Paulo.
1973-74
"Integração e desintegração de populações marginais". Coordenadora com o Dr. Lúcio Kowarick, Centro Brasileiro de Análise e Planejamento (CEBRAP), São Paulo, e Fundação Ford, Rio de Janeiro.
1962-72
"A aculturação dos japoneses em São Paulo". Pesquisa de doutoramento
1958
"O papel das associações juvenis na aculturação dos japoneses". Pesquisadora, Centro Regional de Pesquisas Educacionais de São Paulo, Universidade de São Paulo
1958-60
Pesquisadora, Centro Regional de Pesquisas Educacionais de São Paulo (CRPE), Universidade de São Paulo, São Paulo
1954
"Formas de trabalho no Município de São Paulo". Pesquisadora, Serviço de Pesquisas sobre Mercado de Trabalho, Secretaria do Trabalho, Indústria e Comércio do Estado de São Paulo
1952
"A posição do negro na indústria paulista". Pesquisadora. Projeto coordenado pela Dra. Lucila Herrmann, Universidade de São Paulo

Bolsas de estudo, auxílios de pesquisa e de viagens de estudo

Como docente e pesquisadora, obteve diversas bolsas por parte de instituições como:

Comissão de Aperfeiçoamento do Pessoal de Ensino Superior (CAPES), Conselho Nacional de Desenvolvimento Científico e Tecnológico (CNPq), Instituto de Saúde do Estado de São Paulo (1988); Fundação National para Apoio a Projetos – FINEP (1987-88); Fundação do Amparo à Pesquisa do Estado de São Paulo (FAPESP) (1985 e 1987); Fundação para o Desenvolvimento da Administração – FUNDAP (1986-86); United Nations University – UNU, Tokyo (1985-85); Fundação Ford; Social Science Research Council – SSRC (1982); (CEBEMO e Comissão Justiça e Paz da Arquidiocese de São Paulo (1981-83); Reitoria da Universidade de São Paulo (1957) etc.

Outras atividades profissionais

2004

Instituidora da Associação Fulbright

Membro do Strategic Planning Committee do International Social Science Council (ISS)

Membro do Standing Committee para a criação de um Programa Internacional sobre Mudança Social Global do International Council for Science (ICSU)

Membro do Conselho Consultivo do Instituto Teotônio Vilela – Seção São Paulo

2003

Membro do Conselho Consultivo do Instituto Teotônio Vilela – Seção São Paulo

Membro do Conselho Político Estratégico do GIFE (Grupo de instituições, fundações e empresas)

Indicada pelo Presidente do Banco Interamericano de Desenvolvimento (BID) para presidir o Conselho sobre Mulher e Desenvolvimento.

Membro Honorário do Centro de Integração Empresa-Escola (CIEE)

2002

Membro do Conselho da Care Internacional

2001

Membro da Comissão da Dimensão Social da Globalização – Organização Internacional do Trabalho das Nações Unidas (OIT)

Presidente de Honra do Comitê Brasileiro do Ano Internacional do Voluntário, São Paulo, SP.

2000-2008
Presidente do Conselho da Comunitas – Parcerias para o Desenvolvimento Solidário
2000
Fundadora e membro da Comunitas – Parcerias para o Desenvolvimento Solidário
1998
Fundadora e membro do Artesanato Solidário (Artesol)
1997-2008
Membro da Diretoria da United Nations Foundation, Washington, Estados Unidos
1997
Pesquisadora visitante, Helen Kellog Institute for International Studies, University of Notre Dame, Indiana, Estados Unidos
1996
Fundadora e membro da Alfabetização Solidária (Alfasol)
1995
Fundadora e membro da Universidade Solidária (Unisol)
1995
Fundadora e membro da Capacitação Solidária (Capasol)
1995-2002
Fundadora e Presidente do Conselho do Programa Comunidade Solidária, Brasília
1993-96
Membro da "Independent Commission on Population and Quality of Life", Nações Unidas, Paris, França
1993-94
Membro da Comissão de Assessoramento Institucional da Associação Nacional de Pós-graduação e Pesquisa em Ciências Sociais (ANPOCS)
1992-94
Membro do Joint Committee on Latin American Studies of the Social Science Research Council and American Council of Learned Societies, New York, Estados Unidos
Diretora do Centro Brasileiro de Análise e Planejamento (CEBRAP), São Paulo
Representante da Comunidade Acadêmica junto ao Conselho Deliberativo do Núcleo de Estudos de Políticas Públicas (NEPP) da Universidade Estadual de Campinas (UNICAMP)
1992
Membro do Conselho do Fundo de Atendimento à População Moradora em Habitação Sub-Normal (FUNAPS) da Prefeitura do Município de São Paulo

1991
Membro da Comissão de Avaliação do Programa de Pós-graduação em Antropologia Social do Museu Nacional da Universidade Federal do Rio de Janeiro, Comissão de Aperfeiçoamento do Pessoal de Ensino Superior (CAPES) Brasília (outubro)
1990-93
Membro do Comitê Diretor do Consejo Latinoamericano de Ciencias Sociales (CLACSO), Buenos Aires, Argentina
1988-90
Membro do Conselho Científico da Associação Brasileira de Antropologia (ABA)
1988
Membro do Comitê de Avaliação do Concurso de Dotações da Fundação Ford para Pesquisa da Associação Nacional de Pós-graduação e Pesquisa em Ciências Sociais (ANPOCS)
1988-89
Membro do Conselho Cultural da Coordenadoria de Atividades Culturas da Universidade de São Paulo
Membro do Comitê Assessor para a Área de Ciências Humanas do Conselho Nacional de Desenvolvimento Científico e Tecnológico (CNPq), Brasília
1986-87
Membro do Comitê Acadêmico do Conselho Nacional de Desenvolvimento Científico e Tecnológico (CNPq), Brasília
1985-94
Pesquisadora Sênior, Centro Brasileiro de Análise e Planejamento (CEBRAP), São Paulo
1985-89
Membro do Conselho Nacional dos Direitos da Mulher (CNDM), Brasília
1985
Membro fundador do Núcleo de Estudos da Mulher e Relações Sociais de Gênero (NEMGE), Pró-Reitoria de Pesquisa da Universidade de São Paulo
1984-89 Membro do Conselho Curador da Fundação Padre Anchieta – TV Educativa, São Paulo
1984-86
Membro da Comissão Acadêmica da Associação Nacional de Pós-graduação e Pesquisa em Ciências Sociais (ANPOCS)
Membro do Conselho Estadual de Ciência e Tecnologia da Secretaria de Indústria, Comércio, Ciência e Tecnologia do Estado de São Paulo
Membro da Comissão de Eventos, Departamento de Ciências Sociais, Faculdade de Filosofia, Letras e Ciências Humanas, Universidade de São Paulo

1984
Chercheur Associé, Centre International de Recherches sur l'Environnement et le Développement (CIRED) et Centre d'Études des Mouvements Sociaux, École des Hautes Études em Sciences Sociales, Paris, França (junho)
1983-86
Presidente da Comissão de Filosofia e Ciências Humanas do Conselho de Artes e Ciências Humanas da Secretaria da Cultura do Estado de São Paulo
1982-84
Membro do Conselho Estadual da Condição Feminina – SP (CECF-SP), São Paulo
Membro da Comissão de Biblioteca, Departamento de Ciências Sociais, Faculdade de Filosofia, Letras e Ciências Humanas, Universidade de São Paulo
1981-85
Membro da Comissão Especial de Antropologia Urbana da Associação Brasileira de Antropologia (ABA)
1980-84
Membro do Conselho Científico da Associação Brasileira de Antropologia (ABA)
1980-83
Coordenadora do Grupo de Trabalho "Ideologia e Cultura Popular" da Associação Nacional de Pós-graduação e Pesquisa em Ciências Sociais (ANPOCS)
1980-82
Membro da diretoria da Associação Nacional de Pós-graduação e Pesquisa em Ciências Sociais (ANPOCS)
1979-82
Membro do Comitê de Seleção do Concurso Anual de Projetos de Pesquisa em Ciências Sociais patrocinado pela Fundação Ford
1976
Membro Associado, Center for Latin American Studies, University of Cambridge, Reino Unido (1º semestre)
1975-78
Coordenadora do Curso de Pós-Graduação em Ciência Política, Faculdade de Filosofia, Letras e Ciências Humanas, Universidade de São Paulo
1971
Redatora de textos didáticos para o Programa de Ciências Humanas da Fundação Padre Anchieta/TV Educativa, São Paulo

Participação em conferências, encontros e seminários, como primeira-dama

2000

Assembleia Geral das Nações Unidas, Sessão Especial Pequim+5. Chefe da Delegação Brasileira. New York, Estados Unidos (junho)

1999

IX Encontro de Esposas de Chefes de Estados e Governantes das Américas, Ottawa, Canadá (outubro)

1998

VIII Encontro de Esposas de Chefes de Estados e Governantes das Américas, Santiago do Chile, Chile (outubro)

1997

VII Encontro de Esposas de Chefes de Estados e Governantes das Américas, Ciudad de Panamá, Panamá (outubro)

1996

Habitat II – Conférence des Nations Unies pour les Etablissements Humains. Chefe da Delegação Brasileira, Discursos de Abertura e de Encerramento do Diálogo sobre *"Démocratie et citoyenneté dans la ville du XXIième siécle"*, organizado pela UNESCO, Istambul, Turquia (7 de junho)

VI Encontro de Esposas de Chefes de Estado e Governantes das Américas, La Paz, Bolívia (dezembro)

1995

IV Conferência Mundial das Nações Unidas sobre Mulher. Chefe da Delegação Brasileira. Beijing, China (setembro)

Participação em conferências, encontros e seminários

2007

33º Congresso Nacional sobre Gestão de Pessoas promovido pela Associação Brasileira de Recursos Humanos, ABRH. Conferencista sobre *"A ecologia do desenvolvimento humano"*, São Paulo (21-24 de agosto)

I Congresso Brasileiro de Fundações e II Encontro Nacional CONFIES-PROFIS. Palestrante, São Paulo (9 de março)

2006

25ª Reunião Brasileira de Antropologia: "Saberes e práticas antropológicas, desafios para o século XXI". Conferencista na atividade "Diálogo com Autores" (12 de junho)

Conferência Regional (América do Sul) da High Level Comission on Legal Empowerment of the Poor. Instituto Fernando Henrique Cardoso – iFHC (abril)

II Congresso Brasileiro de Pesquisa – Mercado, Opinião e Mídia, organizado pela Associação Brasileira de Empresas de Pesquisas. Palestra sobre *"O papel social das empresas e o seu envolvimento com o Terceiro Setor"* (março)
Celebração do dia Internacional da Mulher pelo Grupo Chana Szenes – Wizo. Palestra sobre *"O papel do Terceiro Setor hoje"*, São Paulo (março)
XVIIª Reunião do Consejo Asesor Externo para la Mujer en el Desarrollo do Banco Interamericano de Desenvolvimento – BID. Presidente da Reunião. Campinas (fevereiro)
Internacional Forum on the Social Science Policy promovido pela UNESCO sobre "A Fair Globalization: The work of the World Commission on the Social Dimension of Globalization", Buenos Aires, Argentina (fevereiro)
Secretaria de Participação e Parceria – Oficina de Participação Social. Relação entre Governo Municipal e Sociedade Civil (janeiro)
2005
Seminários "Sociedade civil, democracia e desenvolvimento: velhos modelos e novos caminhos", promovidos pela Fundação Armando Alves Penteado, São Paulo (24 de novembro) e Rio de Janeiro (21 de novembro)
Seminário "Desenvolvimento, Cultura e Sociedade – A cara do Brasil". Debatedora da mesa redonda "Esboços da história". SESC Belenzinho. São Paulo (novembro)
Seminário do Programa "Ação Família – viver em Comunidade". Secretaria Municipal de Assistência e desenvolvimento Social da Cidade de São Paulo (novembro)
Seminários "Sociedade civil, democracia e desenvolvimento: velhos modelos e novos caminhos". Organizados pela Comunitas, Rio de Janeiro e São Paulo. (novembro)
Palestra no Woman's Leaders Intercultural Forum sobre *"Violência contra a Mulher, fortalecimento econômico da Mulher, Mulher e cultura"* (outubro)
Seminário promovido pelo Programa para o Desenvolvimento das Nações Unidas – PNUD sobre "Globalização, Estado e Cidadania", Universidade da Southern Califórnia (outubro)
Palestra sobre *"The Ethical Globalization Initiative"*, Columbia University, Nova York (outubro)
Seminário "Renovar Ideias – Desenvolvimento, Qualidade de vida e Democracia no Brasil Moderno", promovido pelo Instituto Teotônio Vilela (setembro)
Seminário sobre "Distribuição de Renda na América Latina" promovido pelo IETS, iFHC e a Fundação Konrad Adenauer. Moderadora do painel "O papel do setor privado e da sociedade civil" (agosto)

Seminário "Todos por São Paulo – Construindo a democracia participativa", organizado pela Secretaria de Participação e Parcerias. Prefeitura da Cidade de São Paulo. Palestrante (junho)
Palestra sobre *"Desenvolvimento e inclusão social – Brasil no rumo certo"*, no Instituto Brasileiro de Executivos de Finanças (FIEMG), Belo Horizonte (junho)
Seminário de Participação Social: "Todos por São Paulo: Construindo a Democracia Participativa", promovido pela Secretaria Municipal de Participação e Parcerias da Cidade de São Paulo. Conferencista, (25 de junho)
Congresso Pitágoras. Palestrante sobre: *"Diferenças. E se todos fossem iguais a você?"*. São Paulo (maio)
Seminário no Departamento de Ciências Políticas e Estudos Internacionais da Universidad Torcuato di Tella. Buenos Aires, Argentina (maio)
Palestra no *Campus* Leste da Universidade de São Paulo sobre *"Experiência da Comunidade Solidária"*, São Paulo (abril)
International Summit on "Democracy, Terrorism and Security", promovido pelo Clube de Madri, Madri, Espanha (março)
Palestra sobre *"Fundamentos e desafios para a Comunidade Solidária / Comunitas"*, para o curso de MBA da Faculdade de Economia e Administração da Universidade de São Paulo (março)
Reunião do Conselho do Centro de Empreendedorismo Social e Administração em Terceiro Setor do CEATS, da Fundação Instituto de Administração (FIA). Palestra sobre *"O surgimento da Comunitas e descrição de seus programas"* (fevereiro)
2004
Reunião Mensal de Unidades de Negócios sobre "Responsabilidade Social e Diversidade do Grupo Camargo Corrêa. Palestra sobre *"Responsabilidade social empresarial"*, São Paulo (16 de dezembro)
Fórum Internacional Brasil 2015 Oportunidades e Desafios, promovido pelo Grupo Odebrecht. Palestra sobre *"Educação e cidadania"*, São Paulo (23 de novembro)
Palestra para a EMBRAER, São José dos Campos (agosto)
Palestra para a Associação Goiana de Supermercados – AGOS sobre *"O desenvolvimento social no Brasil"* (agosto)
Reunião promovida pela Fundação Armando Álvares Penteado sobre o Projeto da Lei 7/2003 para as ONGS. São Paulo (agosto)
Debate sobre "*Global Social Changes*", organizado pela UNESCO. Palestra sobre *"Une mondialisation juste: créer des opportunités pour tous"*. Paris, França (junho)
IV Fórum de Responsabilidade Social. Palestra sobre *"Responsabilidade social"*. Porto Alegre (junho)

Seminário *"Por uma Governança Global Democrática"* promovido pelo Instituto Fernando Henrique Cardoso (iFHC). Moderadora da mesa sobre *"O Papel da Sociedade Civil Global"*. São Paulo (24 de maio)
7º Encontro Ibero-Americano do Terceiro Setor e 3º Congresso GIFE sobre "Investimento Social Privado". Conferencista sobre *"Integração regional e identidade nacional. As perspectivas da cidadania e do desenvolvimento social na Ibero-América"*. São Paulo (16 a 19 de maio)
2003
V Encontro Internacional de Fundações do Mercosul. Conferencista sobre *"Relação da responsabilidade social enquanto atributo do capital social no exercício dos direitos e deveres da cidadania"*. Porto Alegre (10 a 13 de setembro)
Seminário sobre *"Estratégias e Fundamentos da Política Social do Estado de São Paulo"*, promovido pela Secretaria Estadual de Assistência e Desenvolvimento Social. Palestra sobre *"Novos paradigmas da relação Estado e sociedade para o desenvolvimento social"*. São Paulo (10 de setembro)
Palestra *"Experiência da Comunidade Solidária"* para o MBA do Centro de Empreendedorismo Social e Administração em Terceiro Setor do CEATS, da Fundação Instituto de Administração (FIA). São Paulo (setembro)
Palestra sobre *"O repensar da cooperação internacional"*. Curso de Graduação em Relações Internacionais da USP. São Paulo (agosto)
II Seminário Aberto de Responsabilidade Social Empresarial. Encontro Internacional "As dimensões Éticas do Desenvolvimento". Palestra sobre *"Mobilizando a responsabilidade social no Brasil e na América Latina"*. Belo Horizonte, MG (4 de julho)
II Seminário Internacional do Terceiro Setor – Parceria e Alianças: Pontes para a Inclusão Social, organizado pelo SENAC, a Associação Brasileira para o Desenvolvimento de Lideranças – ABDL, o Consulado Americano e o Johns Hopkins University Institute for Policy Studies. Palestra sobre *"Experiência em projetos sociais"*. São Paulo (julho)
Universidade AMBEV. Palestrante na cerimônia de formatura da 5ª turma do MBA Executive. São Paulo (junho)
Fórum 2003 "Grow, Develop and Prosper". Organization for Economic Cooperation and Development – OECD. Paris (abril)
Seminário realizado pelo Instituto Teotônio Vilela sobre "Qualidade e Financiamento da Educação Básica, Ensino Superior e Reforma Universitária". (abril)
Reunião do International Social Science Council Standing Committee. Participação no Programa Internacional sobre Câmbio Social (abril)

2002
Conferência sobre "*La experiencia de la comunidad solidaria: construcción de alianzas para el desarrollo social*". Facultad Latinoamericana de Ciencias sociales (FLACSO), Quito, Equador (outubro)
2001
Seminário "Las Políticas Económicas Actuales en América Latina: acabarán con la pobreza?", promovido pelo Parlamento Latinoamericano. Palestra sobre "*Pobreza secular y nueva pobreza en América Latina*". São Paulo (8-10 agosto)
Palestra sobre "*Strenghtening Civil Society through Youth Programmes*". Canning House/Institute of Latin American and Iberian Studies. Londres, Reino Unido (junho)
Aula Inaugural, Instituto Rio Branco, Ministério das Relações Exteriores, Brasília
2000
Seminário na Universidade da Califórnia em Stanford e em Berkeley. Palestrante sobre "*A experiência do Programa Comunidade Solidária*".
Encontro "*University for a Night*", promovido por The Synergos Institute, United Nations. Palestrante. Nova York, Estados Unidos (maio)
Aula Inaugural, Instituto Rio Branco, Ministério das Relações Exteriores, Brasília
1998
Seminário "*Social Programs, Poverty and Civic Participation*", promovido pelo Banco Interamericano de Desenvolvimento (BID). Palestrante. Cartagena, Colômbia (março)
1997
Conferência Internacional sobre o Trabalho Infantil. Palestrante. Oslo, Noruega (outubro)
29ª Sessão da Conferência Geral da UNESCO. Palestrante. Paris, França
50ª Conferência Anual DPI/NGO "Building Partnerships", promovida pelo Department of Public Information. Palestrante. United Nations, Nova York, Estados Unidos (setembro)
Social Policy Forum on "*Social Policies for the Urban Poor in Latin America*", promovido pelo Helen Kellogg Institute for International Studies, University of Notre Dame. Palestrante. Indiana, Estados Unidos (setembro)
Conferência sobre "*Economic Reforms and Social Issues: the Brazilian Experience*", promovida pelo India International Center. Palestrante. New Delhi, Índia (abril)
1996
Inauguração do Brazilian Studies Program, Center for Latin American Studies, University of Pittsburgh. Palestrante. Pittsburgh, Pennsylvania, Estados Unidos (novembro)

Seminar on "*NGO – Public Sector Partnerships for Poverty Reduction*", promovido pelo Instituto do Desenvolvimento Econômico do Banco Mundial. Participante do Painel de Recomendações. Washington, D.C., Estados Unidos (21-25 de outubro)
XXV CEPE/96, promovido pela Associação dos Diplomados da Escola Superior de Guerra. Conferencista sobre "O Comunidade Solidária e a política social do Governo". Brasília (17 de outubro)
Seminário "*O Brasil em Perspectiva*" promovido pela Fundação Centro de Estudos Brasileiros e Fundação Alexandre de Gusmão. Conferencista sobre "*A política social no Brasil: definições e estratégias*". Buenos Aires, Argentina (9 de abril)
1995
Encontro promovido por The Camões Center, The Institute for Latin American and Iberian Studies e pelo Women in Public and International Affairs (WPIA), Columbia University. Palestrante sobre "*On Social Policy*". Nova York, Estados Unidos (19 de abril)
1994
XVIII Encontro Anual da Associação Nacional de Pós-graduação e Pesquisa em Ciências Sociais (ANPOCS). Coordenadora da sessão "Cultura e Política: Perspectivas e Desafios para os Anos 90", do Grupo de Trabalho "Cultura e Política". Caxambu (novembro)
Regional Consultation for Eastern Europe, promovida pela "Independent Commission on Population and Quality of Life", das Nações Unidas. Moscou, Rússia (Outubro)
Coordenadora da Reunião Regional da "Independent Commission on Population and Quality of Life", das Nações Unidas. Rio de Janeiro (agosto)
Simpósio Internacional "*What Happened to Development?*", promovido pela Organização Cultural, Educacional e Científica das Nações Unidas (UNESCO). Paris, França (junho)
Debate sobre "*Diretrizes Éticas para Pesquisa em Grupos Humanos*", realizado pela Fundação de Amparo à Pesquisa do Estado de São Paulo (FAPESP). São Paulo (junho)
Reunião do Joint Committee on Latin American Studies of the Social Science Research Council and American Council of Learned Societies. Nova York, Estados Unidos (março)
Conferência Internacional de Saúde da Mulher para Cairo'94, "*Saúde Reprodutiva e Justiça*". Rio de Janeiro (fevereiro)
1993
Simpósio "*Política e Sociedade nos Anos 90*", promovido pelo Departamento de Ciência Política da Universidade Estadual de Campinas (UNICAMP).

Palestrante na Mesa Redonda sobre "*Movimentos sociais e política contemporânea*". Campinas (novembro)
Debate sobre "*Diretrizes Éticas na Área de Ciências Humanas*", realizado pela Fundação de Amparo à Pesquisa do Estado de São Paulo (FAPESP). São Paulo (novembro)
Reunião do Joint Committee on Latin American Studies of the Social Science Research Council and American Council of Learned Societies. Rio de Janeiro (outubro)
Reunião Regional da "*Independent Commission on Population and Quality of Life*", das Nações Unidas. Paris, França (outubro)
Seminário "*Mulheres, População e Qualidade de Vida: a Questão Populacional e a Pobreza no Brasil*", promovido pelo Instituto de Ação e Cultura (IDAC) e o Fundo das Nações Unidas para o Desenvolvimento das Mulheres (UNIFEM). Coordenadora do seminário e palestrante sobre "*Gênero e cidadania*". São Paulo (agosto)
Programação da Conferência Internacional sobre População e Desenvolvimento promovida pelo Ministério das Relações Exteriores, a Associação Brasileira de Estudos Populacionais (ABEP), o Núcleo de Estudos de População (NEPO) da Universidade Estadual de Campinas (UNICAMP) e o Fundo das Nações Unidas para População (FUNUAP). Debatedora do tema "*População e desenvolvimento*". Campinas (julho)
Seminário "*O Brasil na década perdida: O que aprendemos?*", promovido pelo Departamento de Ciência Política da Faculdade de Filosofia, Letras e Ciências Humanas, pelo Departamento de Economia da Faculdade de Economia e Administração, da Universidade de São Paulo, e pelo Instituto de Pesquisa das Nações Unidas para o Desenvolvimento Social (UNRISD). Palestrante sobre "*Mudança social e participação política nos anos 80*". São Paulo (maio)
Reunião Plenária da "Independent Commission on Population and Quality of Life", das Nações Unidas. Paris, França (abril)
Reunião do Joint Committee on Latin American Studies of the Social Science Research Council and American Council of Learned Societies. Nova York, Estados Unidos (abril)
Seminário "*Mulher, Poder e Violência: a Revisão Constitucional*", promovido pelo Núcleo de Estudos da Mulher e de Gênero (NEMGE), da Universidade de São Paulo. Mesa-redonda sobre "*Presidencialismo ou parlamentarismo: interesse das mulheres?*". São Paulo (março)
Seminário "*Problemas do Ensino Superior e Prioridades de Pesquisa*", promovido pelo Núcleo de Pesquisa sobre Ensino Superior (NUPES), da Universidade de São Paulo. Palestra sobre "*O contexto cultural da vida acadêmica: os estudantes universitários*". São Paulo (fevereiro)

1992

Reunião da Área de Ciências Humanas e Sociais, a convite da Fundação de Amparo à Pesquisa do Estado de São Paulo (FAPESP). São Paulo (dezembro)

Reunião sobre "Los Requisitos Comunicativos para la Sostenibilidad de las Políticas Sociales en la Nueva Realidade de América Latina", promovida pelo Centro de Estudos Sociales (CEDES). Buenos Aires, Argentina (dezembro)

Conferência internacional sobre "*Human Rights, Justice and Society in Latin America*", promovida pelo Joint Committee on Latin American Studies of the Social Science Research Council and American Council of Learned Societies. Buenos Aires, Argentina (outubro)

Reunião do Joint Committee on Latin American Studies of the Social Science Research Council and American Council of Learned Societies, Buenos Aires, Argentina (outubro)

Seminário sobre "Dimensões da Pesquisa Social no Brasil, na Última Década", promovido pelo Centro de Estudos de Cultura Contemporânea (CEDEC). Debatedora do tema "*Pesquisa e participação social*". São Paulo (setembro)

II Congresso Luso-Afro-Brasileiro de Ciências Sociais, promovido pelo Núcleo de Estudos de Violência (NEV), da Universidade de São Paulo. Coordenadora do grupo de trabalho "Metodologia das Ciências Sociais". São Paulo (agosto)

XCIV Reunião anual da Sociedade para o Progresso da Ciência (SBPC), Workshop sobre "História, Natureza e Cultura: Repensando o Social", promovido pela Sociedade Brasileira de Sociologia. Palestrante na mesa-redonda sobre "*O social em movimento*". São Paulo (julho)

Seminário "*30 anos da Fundação Ford no Brasil: Retrospecto, Impactos e Perspectivas*", promovido pelo Instituto de Estudos de Política (IDESP). Debatedora do tema "*Movimentos sociais e ONGs*". Rio de Janeiro (julho)

Seminário "*Mulheres e Meio Ambiente: a ECO-92 e seus Desdobramentos no Brasil*", promovido pelo Instituto de Ação e Cultura (IDAC) e o Fundo das Nações Unidas para o Desenvolvimento das Mulheres (UNIFEM). Debatedora do Painel sobre "*O ponto de vista das mulheres frente ao desafio global*". Rio de Janeiro (maio)

Conference on "*Brazil Today: Problems and Alternatives*", promovido pela University of California. Palestrante do Painel sobre "*Feminism and women's emancipation in Brazil*". Berkeley, Estados Unidos (abril)

Painel sobre "*Mídia e Violência*", promovido pela Fundação Joaquim Nabuco e o Instituto de Estudos da Cidadania. Coordenadora. Recife (janeiro)

1991

Reunião de Avaliação dos Programas de Bolsas da Ford Foundation e da Inter-American Foundation administrados pela Associação Nacional de Pós-Graduação e Pesquisa em Ciências Sociais (ANPOCS). Rio de Janeiro (dezembro)

Seminário sobre "*As Mulheres no Governo*", promovido pelo Grupo de Trabalho "Condición Femenina" do Consejo Latinoamericano de Ciencias Sociales (CLACSO). Santiago, Chile (novembro)
Assembleia Geral do Consejo Latinoamericano de Ciencias Sociales (CLACSO), Santiago, Chile (novembro)
XV Encontro Anual da Associação Nacional de Pós-Graduação e Pesquisa em Ciências Sociais (ANPOCS). Debatedora no grupo de trabalho "*Família e Sociedade*". Caxambu (outubro)
Seminário "*Relações Sujeito-Objeto na Pesquisa Antropológica*", promovido pelo Departamento de Antropologia da Faculdade de Filosofia Letras e Ciências Humanas, da Universidade de São Paulo. Debatedora do tema "*Política, militância e objetividade*". São Paulo (setembro)
Preparação do Seminário Internacional sobre "Políticas Anti-Discriminatórias", promovido pelo IBEAC. Palestrante sobre "*Participação e Movimentos Sociais*". São Paulo (setembro)
I Encontro Internacional de ONGs e das Agências do Sistema das Nações Unidas, promovido pelo Instituto Brasileiro de Análises Sociais e Econômicas (IBASE). Representante do CEBRAP. Rio de Janeiro (agosto)
Mesa-redonda sobre "*Movimentos Sociais e Políticas Públicas*", promovida pelo Centro de Formação dos Trabalhadores da Saúde (CEFOR), da Secretaria de Saúde do estado de São Paulo. São Paulo (junho)
Seminário sobre "*Estado y Sociedad en América Latina: balances y perspectivas*", promovido pelo Centro de Estudios Sociales (CENDES). Conferencista sobre "*Processos culturais e políticos no Brasil contemporâneo, com ênfase nas novas experiências dos movimentos sociais*". Caracas, Venezuela (maio)
Reunião do Comitê Diretor do Consejo Latinoamericano de Ciencias Sociales (CLACSO), Caracas, Venezuela (maio)
Reunião sobre "*Diretrizes Éticas para Epidemiologistas e Profissionais de Saúde*", promovida pela International Epidemiological Association e o Instituto de Medicina Tropical de São Paulo. Consultoria Técnica. São Paulo (abril)
1990
Seminário sobre "*Temas e Problemas da Investigação em Ciências Sociais: Brasil e América Latina*", promovido pelo Instituto de Estudos de Política (IDESP). Debatedora do tema "*Urbanização, migrações, pobreza e movimentos sociais*". Campos de Jordão (dezembro)
Reunião do Comitê Diretor do Consejo Latinoamericano de Ciencias Sociales (CLACSO). Quito, Equador (novembro)
XIV Encontro Anual da Associação Nacional de Pós-Graduação e Pesquisa em Ciências Sociais (ANPOCS). Coordenadora, junto com Teresa Caldeira, da mesaredonda "*Cultura e política: repensando suas inter-relações*". Caxambu, MG (outubro)

I Congresso Luso-Afro-Brasileiro de Ciências Sociales "Saber e Imaginário Social: Desafios para as Ciências Sociais em Língua Portuguesa", promovido pelo Centro de Estudos Sociais da Faculdade de Economia de Coimbra. *Paper* apresentado: "*Os novos sujeitos sociais*". Coimbra, Portugal (julho)
Seminário Internacional sobre "Desenvolvimento e Direitos Humanos: a Responsabilidade do Antropólogo", promovido pela Associação Brasileira de Antropologia (ABA) e a Universidade Estadual de Campinas (UNICAMP). Debatedora do tema "*A responsabilidade do antropólogo frente aos programas de desenvolvimento: o Estado, o capital privado e os grupos afetados*". Campinas (abril)
1989
Journées d'Étude sur "*Modernisation et Nouvelles Formes de Mobilisation Sociale*". *Paper* apresentado: "*Ações coletivas e comunidades locais no Brasil*". Cairo, Egito (dezembro)
Seminário sobre "*Jovens: Horizontes e Perspectivas de Análise*", promovido pelo Centro Brasileiro de Análise e Planejamento (CEBRAP). Coordenadora. São Paulo (outubro)
Workshop sobre "Regionalização", promovido pela Secretaria das Administrações Regionais da Prefeitura Municipal de São Paulo. Palestrante. São Paulo (agosto)
Reunião do Grupo de Trabalho sobre "Ensino Noturno de 2o. Grau", promovido pela Faculdade de Educação da Universidade de São Paulo. Palestra sobre "*O jovem, a sociedade e a cultura: perspectivas de investigação*". São Paulo (agosto)
Ciclo de Debates sobre "*Sociedade, Política e Relações Sociais de Gênero*", promovido pelo CODAC da Universidade de São Paulo. Mesa-redonda sobre "*Movimentos Sociais, estado e relações sociais de gênero*", São Paulo (junho)
Colloque Franco-Brésilien em Sciences Sociales, promovido pelo Centre National de Recherche Scientifique (CNRS) e Conselho Nacional de Pesquisa (CNPq).
Paper apresentado: "*The popular movements in the context of the consolidation of democracy*". Paris, França (março)
1988
Simpósio "Mudança Legal e Mudança Social: o Papel do Judiciário", promovido pela Faculdade de Direito da Universidade de São Paulo. Conferencista sobre "*Uma teoria dos conflitos e dos movimentos sociais*". São Paulo (junho)
Encontro com Alceu Amoroso Lima sobre "Democracia, Desenvolvimento e Integração da América Latina", promovido pelo Instituto Latinoamericano (ILAM).
Palestrante sobre "*Participação*". São Paulo (março)
XVI Reunião Brasileira de Antropologia, promovida pela da Associação Brasileira de Antropologia (ABA). Coordenadora do Simpósio sobre "*A Construção do*

Discurso do Antropólogo". Debatedora no Grupo de Trabalho "*Representação e a Questão de Gênero*". Campinas (março)
Seminário sobre "*La Participación de la Mujer en Programas de Salud de la Comunidad*", promovido pela Federación de Mujeres e pelo Ministério de Salud Pública. Santiago de Cuba, Cuba (fevereiro)
1987
XI Encontro Anual da Associação Nacional de Pós-Graduação e Pesquisa em Ciências Sociais (ANPOCS). *Paper* apresentado: "*Poder local e participação: estudo comparado de agências regionais*". Águas de São Pedro (outubro)
Conferência internacional sobre "*Identidad Latinoamericana, Modernidad y Postmodernidad*", promovida pelo Consejo Latinoamericano de Ciencias Sociales (CLACSO), Buenos Aires, Argentina (outubro)
Seminário nacional "Administração Pública numa Sociedade em transição para a democracia", promovido pela Associação nacional das Fundações Públicas (ANFUP) e a Universidade Federal da Bahia. Palestra no Painel "*Descentralização e participação na administração pública: o desejável e o possível*". Salvador (setembro)
IV Congresso Estadual dos Sociólogos promovido pela Associação dos Sociólogos do Estado de São Paulo (ASESP). Mesa Redonda "Saúde e sociedade: questões emergentes e buscas de explicação", São Paulo (agosto)
1986
Seminario sobre Movimientos Sociales, Democracia y Orden Política en América Latina y el Area Andina: Cuestiones Metodológicas, promovido pelo Consejo Latinoamericano de Ciencias Sociales (CLACSO), Cuenca (19-21 de novembro)
XIII International Congress of the Latin American Studies Association (LASA). Panel on "Culture and Politics in Working Class Brazil". *Paper* apresentado: "*Forms of popular participation in Brazil*". Boston, Estados Unidos (23-25 de outubro)
XXXVIII Reunião Anual da Sociedade Brasileira para o Progresso da Ciência (SBPC). Participação no Ciclo de Debates sobre "A questão da violência". Curitiba (14-16 de julho)
1985
Seminário "Assim passaram 10 anos: 1975-1985", promovido pelo Centro de Informação Mulher (CIM) e a Universidade de São Paulo. Debatedora na Mesa Redonda sobre "*Feminismo na academia*". São Paulo (dezembro)
VI Seminário de Estudos Latino-americanos, promovido pelo Consejo Latinoamericano de Ciencias Sociales (CLACSO) e a Universidade Federal do Rio Grande do Sul. Palestra sobre "*As mulheres e a democracia*". Porto Alegre (setembro)

IX Encontro Anual da Associação Nacional de Pós-Graduação e Pesquisa em Ciências Sociais (ANPOCS). Expositora na sessão *"O significado da Antropologia nas Ciências Sociais"*. Águas de São Pedro (outubro)
Séminaire International "La Place des Femmes dans l'Autosuffisance et les Stratégies Alimentaires", promovido pelo Institut Français de Recherche pour le Développement en Coopération (ORSTOM) e o Centre International de l´Enfance (CIE). *Paper* apresentado: *"Les cuisines communautaires et la participation des femmes"*. Paris, França (14-19 janeiro)
1984
Seminário Nacional "Mulher e Política", promovido pelo Conselho Estadual da Condição Feminina de São Paulo (CECF-SP), I Painel: *"Mulher e Política"*. Palestrante. São Paulo (27 de outubro)
VII Ciclo de Estudos Interdisciplinares da Comunicação – INTERCOM/84, promovido pela Sociedade Brasileira de Estudos Interdisciplinares da Comunicação. Conferencista sobre *"Sociedade civil e meios de comunicação no Brasil"*. São Paulo (2-7 de setembro)
XI Congresso Brasileiro de Reprodução Humana, Simpósio "Programa de Saúde da Mulher – Estratégia de Mobilização e Desenvolvimento", promovido pela Sociedade Brasileira de Reprodução Humana e a Sociedade Brasileira de Andrologia. Coordenadora. São Paulo (10-14 de setembro)
Seminário sobre "Les Nouveaux Services et la Population", promovido pelo Centre de Sociologie des Organisations, Centre National de la Recherche Scientifique (CNRS). Palestrante. Paris, França (15 de junho)
Conselho Regional de Medicina do Estado de São Paulo. Palestrante sobre *"Planejamento Familiar"*. São Paulo (10 de abril)
1983
Instituto de Medicina Social e de Criminologia de São Paulo (IMESC). Debatedora do tema *"Direitos Humanos e Violência"*. São Paulo (20 de dezembro)
Primeira Reunião do Grupo de Trabalho sobre "Condição Feminina" do Consejo Latinoamericano de Ciencias Sociales (CLACSO), promovido pelo Centro de Estudos Sociales (CEDES). *Paper* apresentado: *"Las mujeres y la cultura política popular"*. Buenos Aires, Argentina (5-7 de dezembro)
Seminário *"El Feminismo en América Latina"*, promovido pelo Círculo de Estudios da Mujer, Academia de Humanismo Cristiano. Debatedora. Santiago, Chile (01 de dezembro)
Seminário Técnico Regional sobre "Mujeres y Familias de los Estratos Populares Urbanos en América Latina", promovido pela Comisión Económica para América Latina (CEPAL). *Paper* apresentado: *"La participación de las mujeres urbanas en movimientos sociales"*. Santiago, Chile (28 de novembro – 02 de dezembro)

Seminário Comemorativo dos 75 Anos da Imigração Japonesa no Brasil, promovido pela Sociedade Brasileira de Cultura Japonesa. Palestrante sobre "*Os Japoneses do Brasil*". São Paulo (25 de novembro)
Semana "As Ciências Sociais no Brasil: o Lugar da Antropologia", promovida pelo Departamento de Sociologia e Política, Pontifícia Universidade Católica (PUC-RJ). Conferencista sobre "*O ofício do antropólogo: ontem e hoje*". Rio de Janeiro (17-20 de outubro)
Encontro Religião e Eleições, promovido pelo Instituto Superior de Estudos da Religião (ISER). Conferencista sobre "*Associações voluntárias no processo eleitoral em alguns bairros na periferia de São Paulo*", Rio de Janeiro (15-16 de setembro)
XXV Reunião Anual da Sociedade Brasileira para o Progresso da Ciência (SBPC). Conferencista no Simpósio sobre "Família, Honra e Sexualidade". Belém (6-13 de julho)
Ciclo de Seminários promovido pelo Conselho de Defesa do Patrimônio Histórico, Arqueológico, Artístico e Turístico (CONDEPHAAT) do Estado de São Paulo.
Conferencista sobre "*Movimentos Sociais e Ação Governamental*". São Paulo (28 de junho)
1982
Reunião do Grupo de Trabalho "Classe Operária", da Associação Brasileira de Antropologia (ABA), Mesa-redonda sobre "*Cultura Operária e Movimentos Sociais*", Rio de Janeiro (18-20 de novembro)
Encontro sobre "*Cotidiano, Cultura Popular e Planejamento Urbano*", promovido pela Faculdade de Arquitetura e Urbanismo (USP). Conferencista. São Paulo (4-5 de agosto)
Fórum de Debates promovido pela Frente de Mulheres Feministas. Debatedora do tema "*Violência Sexual no Cotidiano*". São Paulo (14 de abril)
Mesa-redonda "Sistemas Cognitivos em uma Perspectiva Comparada", XIII Reunião Brasileira de Antropologia. Coordenadora. São Paulo (5-7 de abril)
Simpósio "Sindicatos: Trabalho, Emprego, Economia", promovido pela Associaçãode Dirigentes Cristãos de Empresa do Brasil (ADCE/UFAPAC BRASIL) e Instituto de Desenvolvimento Empresarial (IDE). Debatedora do tema: "*Sindicatos – Relações de Trabalho – Trabalho da Mulher*". São Paulo (25 de março)
Seminário "Planejamento Familiar em Debate", promovido pelo Departamento Nacional do Serviço Social do Comércio (SESC). Palestrante sobre "*As questões sociais e econômicas da reprodução humana*". Rio de Janeiro (19 de março)
1981 Seminário "Violência contra a Mulher", promovido pela Comissão de Assessoria sobre Antropologia Urbana da Presidência da Associação Brasileira de

Antropologia (ABA). Coordenadora da mesa-redonda sobre "*A Defesa da Mulher e as Agências Institucionais*". São Paulo (01 de setembro)
Seminário "Cultura Brasileira II" promovido pelo Grupo de Trabalho de Sociologia e Cultura do Centro de Estudos Rurais e Urbanos (CERU), USP. *Paper* apresentado: "*Cultura brasileira: uma noção ambígua*". São Paulo (11-12 de junho)
Colóquio sobre "*Identité Nationale et Expressions Culturelles: une comparaison entre les États-Unis et le Brésil*", promovido pela Maison des Sciences de l'Homme. Debatedora. Paris, França (7-8 de maio)
Painel de Debates sobre "*A Mulher e o Direito*", promovido pela Ordem dos Advogados do Brasil. Debatedora. São Paulo (27 de abril)
1980
IV Semana Universitária, UNESP – Universidade Estadual Paulista "Júlio de Mesquita Filho", *Campus* de Araraquara. *Paper* apresentado: "*Implicações teóricas na análise dos movimentos sociais urbanos*". Araraquara, SP (18 de novembro).
XII Reunião Brasileira de Antropologia. Coordenadora da Mesa-redonda "A responsabilidade social do antropólogo". Rio de Janeiro (14-17 de julho)
Seminário "Cultura Brasileira", promovido pelo Grupo de Trabalho de Sociologia e Cultura do Centro de Estudos Rurais e Urbanos (CERU), da USP, e o Centro de Cultura e Ideologia, da Universidade Federal de Minas Gerais. *Paper* apresentado: "*Análise de uma ideologia*". Ouro Preto (21 de junho).
Simpósio sobre "Problemas Educacionais Brasileiros", promovido pelo Centro Regional de Pesquisas Educacionais. *Paper* apresentado: "*As necessidades educacionais das áreas em urbanização*"
1959
IV Reunião da Sociedade Brasileira para o Progresso da Ciência (SBPC). *Paper* apresentado: "*O Nissei e seu ajustamento à vida urbana*". Curitiba

Participação em conselhos editoriais

1991-93
Revista Brasileira de Ciências Sociais, Associação Nacional de Pós-Graduação e Pesquisa em Ciências Sociais (ANPOCS)
1992-94
Revista estudos feministas, UFSC, Florianópolis
1984-94
Revista do Imesp, Instituto de Medicina Social e Criminologia, São Paulo
1982-94
Novos Estudos, Centro Brasileiro de Análise e Planejamento (CEBRAP), São Paulo
1981-85
Jornal ***Mulherio***, São Paulo

1979-80

Boletim Informativo e Bibliográfico Brasileiro – BIB, Rio de Janeiro
Temas IMESC, Revista do Instituto de Medicina Social e Criminologia de São Paulo

Filiação a associações científicas

Associação Brasileira de Antropologia (ABA)
Associação Nacional de Pós-Graduação e Pesquisa em Ciências Sociais (ANPOCS)
Comitê de Parrainage, Association Femmes et Développement, Paris, França
International Sociological Association (ISA)
Latin American Studies Association (LASA)
Sociedade Brasileira para o Progresso da Ciência (SBPC)
Study group "Women and Politics", Latin-American Council of Social Sciences (CLACSO)

Condecorações, homenagens, prêmios e títulos honoríficos

2006
Prêmio "Mulheres mais influentes Forbes Brasil", para a Cultura (outubro)
Medalha "Roquette Pinto de Contribuição à Antropologia Brasileira", Associação Brasileira de Antropologia (ABA) (junho)
Medalha oferecida pelo trabalho do Alfabetização Solidária. Concedida pelo Professor Harley Biccas do Brazilian Council of Ophthalmology (fevereiro)
2005
Prêmio "BNP Paribas Brasil de Cidadania", da Fundação BNP Paris Brasil pelo programa Capacitação Solidária (dezembro)
Eleita Membro do Honorary Academic Board da Universidade Torcuato di Tella
2004
Prêmio "Bussiness Woman of the Year", Câmara Britânica de São Paulo (Britcham) (agosto)
Ordem Nacional do Mérito Científico. Brasília.
2003
Homenageada pela Instituição Beneficente FROIEN FARAIN do Rio de Janeiro pelo trabalho na Comunidade Solidária (julho)
"Colar do Centenário", pelo Programa Capacitação Solidária, "Entidade que mais contribuiu para atividades relacionadas à cidadania no Brasil e em São Paulo", Instituto Histórico e Geográfico de São Paulo (IHG/SP) (julho)

"Professora Honoris Causa", Universidade Cruzeiro do Sul (Unicsul) (setembro)
2000
Medalha "Henrique Sérgio Gregori", Associação dos Amigos do Museu Histórico Nacional, Rio de Janeiro (13/12)
Medalha "Eleanor Roosevelt – Val-Kill Award", Eleanor Roosevelt Center at Val-Kill, Estados Unidos (10/11)
Ordem "Infante Dom Henrique", Portugal (Grã-Cruz) (14/03)
1999
Diploma de "Honra ao Mérito", Associação Brasil Soka Gakkai Internacional (07/08)
2000
Membro Honorario da Fundación Integración, Comisión de La Mujer, Argentina (23/07)
Ordem de Dannebrog, Dinamarca (Grã-Cruz) (02/07)
Ordem do Mérito Judiciário do Trabalho (Grã-Cruz) (14/05)
Ordem do Mérito de Brasília (Grã-Cruz) (21/04)
1998
Ordem "Isabel la Católica", Espanha (Grã-Cruz) (17/04)
Medalha "Ceres", Food and Agriculture Organization of the United Nations (FAO) (26/02)
1997
Medalha do Mérito "Educatio et Labor", Serviço Nacional de Aprendizagem Industrial-(SENAI), Rio de Janeiro (07/07)
Ordem do Mérito "Isanmaan Hyv'aksi", Finlândia (Grã-Cruz) (27/02)
1996
"Hóspede de Honra", Nossa Senhora de La Paz, Bolívia (02/12)
Diploma de Reconhecimento da University of Pittsburgh (01/11)
Ordem Nacional do Mérito, França (Grã-Cruz) (28/10)
Ordem da Preciosa Cruz, Japão (Grande-Colar) (25/03)
"Amigo da Academia de Bombeiro Militar", Academia de Bombeiro Militar do Distrito Federal (02/07)
Doutora "Honoris Causa Unidos", Universidade de Sofia, Japão (14/03)
Ordem de Honra da Palma, Suriname (Grande-Faixa) (05/01)
1995
Ordem do Mérito "Justitia Pietras Fides", Malásia (Grã-Cruz) (18/12)
Membro Honorário Vitalício, Fulbright Association (20/04)
Ordem ao Mérito, Chile (Grã-Cruz) (06/03)

Homenagens póstumas

2009

Primeiro seminário *Tribute to Ruth Cardoso*, promovido pela Faculdade de Filosofia, Letras e Ciências Humanas da Universidade de São Paulo, a Fundação Getúlio Vargas e o Instituto Fernando Henrique Cardoso (iFHC). Center for Brazilian Studies e Center for the Study of Race and Ethnicity, Universidade de Columbia, Nova York, Estados Unidos (09-10 de abril)

Homenagem pelo trabalho "em prol da mulher e da sociedade de todo Brasil", Associação Comercial de São Paulo (Distrital Pinheiros), Clube Paineiras do Morumbi, Associação Garibaldina, Mulheres de Verdade, Associação das Vereadoras do Estado de São Paulo (AVESP) e o Conselho Estadual da Condição Feminina, São Paulo (25 de março)

Personalidade 2008, Prêmio Faz Diferença, jornal *O Globo*, Rio de Janeiro (25 de março)

Instituição da Medalha Ruth Cardoso, Conselho Estadual da Condição Feminina de São Paulo (CECF-SP), São Paulo (11 de março)

Diploma Mulher Cidadã – Bertha Lutz, Congresso Nacional, Brasília (5 de março)

Almoço Rede Chevrolet de Educação Solidária, São Caetano do Sul (4 de março)

Instituição do Programa de Bolsa Dra. Ruth Cardoso, promovida pela Coordenação de Aperfeiçoamento do Pessoal de Nível Superior (CAPES), pela Fundação de Amparo à Pesquisa do Estado de São Paulo (FAPESP), pela Universidade de Columbia e pela Comissão Fullbright, Brasília (2 de março)

Exposição "Ruth Cardoso", organizada pela Empresa de Tecnologia da Informação e Comunicação do Município de São Paulo (PRODAM). São Paulo (18 de janeiro)

Inauguração do Centro Municipal de Programas Educacionais (CEMPRE) Dra. Ruth Cardoso. Mogi das Cruzes (22 de janeiro)

2008 I Mostra Regional de Talentos da Terceira Idade Ruth Cardoso. Prefeitura Municipal de Ponta Grossa (05 de dezembro)

Reconhecimento da Pça Ruth Cardoso, na Barra da Tijuca. Rio de Janeiro (2 de dezembro)

Homenagem prestada pelo Senador Papaléo Paes (PSDB-AP) em Sessão Plenária do Senado Federal. Brasília (24 de novembro)

Inauguração do Auditório Professora Doutora Ruth Cardoso, no Centro de Convenções Ulysses Guimarães, pelo Governo do Distrito Federal (Decreto n. 29.742). Brasília (24 de novembro)

Prêmio Trip Transformadores, categoria "Saber", da Revista *Trip*. Rio de Janeiro, (18 de novembro)

Projeto de Lei Municipal (Lei n. 5918) nomeando o Centro de Formação de Profissionais da Educação (CENFORPE) de "Ruth Cardoso". São Bernardo do Campo, (13 de novembro)

Instituição do Prêmio Ruth Cardoso destinado a educadores, pelo Governo do Distrito Federal. Brasília (18 de novembro)

Renomeação do Centro Cultural da Juventude de Vila Nova Cachoeirinha de "Centro Cultural da Juventude Ruth Cardoso", pela Prefeitura de São Paulo (Decreto n. 46994). São Paulo (17 de novembro)

Homenagem da Fundação Antonio Antonieta Cintra Gordinho, no 2º Fórum Social sobre Educação Sócio-ambiental – Desafios do Novo Milênio. Jundiaí (12 de novembro)
Prêmio "Brasileiro Imortal", Companhia Vale do Rio Doce (CVRD). Linhares (31 de outubro).
Ruth Cardoso foi homenageada em um *Philodendron* (Imbé feliz), descoberto na reserva da CVRD.
Homenageada na sessão comemorativa dos 60 anos da Declaração Universal dos Diretos Humanos, pela Faculdade de Direito e pela Escola de Comunicação e Artes (ECA) da Universidade de São Paulo (USP). São Paulo (14 de outubro)
Eleita paraninfa da primeira turma de professores índios no ensino superior brasileiro. Secretaria de Estado da Educação e Universidade de São Paulo. São Paulo (13 de outubro)
Inauguração do "Centro Cultural FIESP Ruth Cardoso". São Paulo (25 de setembro)
Lançamento do "Portal da Transparência Ruth Cardoso", pelo Governo do Estado de Alagoas (Decreto n. 4049). Maceió (22 de setembro)
Inauguração do "Centro Cultural de Exposições Ruth Cardoso". Maceió (20 de setembro)
Escultura "A Guerreira", de Francisco Stockinger, oferecida por Jorge Gerdau em reunião do Projeto BISC / Comunitas. São Paulo (09 de setembro)
Inauguração da "Escola Municipal de Ensino Fundamental Professora Doutora Ruth Villaça Corrêa Leite Cardoso" (Lei 6852). Araraquara (14 de agosto)
Medalha do Mérito "Euvaldo Lodi", pela Confederação Nacional da Indústria (CNI). Brasília (12 de agosto)
Renomeação do Fórum de Araraquara para "Fórum Professora Doutora Ruth Cardoso" (Portaria 5515, TRF, 3ª. Região). Araraquara 05 de agosto)

Autoria publicada

Livros

2002

CARDOSO, Ruth; OLIVEIRA, Miguel Darcy de; FRANCO, Augusto de; LOBO, Thereza. **Comunidade Solidária**: fortalecendo a sociedade; promovendo o desenvolvimento. Rio de Janeiro: Comunitas. 125 p.

2000

CARDOSO, Ruth. **Um novo referencial para a ação social do Estado e da sociedade**: sete lições da experiência da Comunidade Solidária. Brasília: Programa das Nações Unidas para o Desenvolvimento (PNUD); Conselho da Comunidade Solidária. 103 p. Textos em português, inglês e espanhol.

1996

CARDOSO, Ruth (Correlatora). In: INDEPENDENT COMMISSION ON POPULATION AND QUALITY OF LIFE (ICPQL). **Caring for the future**:

making the next decades provide a life worth living: report of the Independent Commission on Population and Quality of Life. Oxford; New York: Oxford University Press, 1996. xiv, 359 p.
1995
CARDOSO, Ruth; SAMPAIO, Helena. **Bibliografia sobre a juventude**. São Paulo: Edusp. 252 p.
1995
CARDOSO, Ruth. **Estrutura familiar e mobilidade social**: estudo dos japoneses no Estado de São Paulo. Organização e tradução para o japonês de Masato Nimomiya. São Paulo: Primus, 1995. 196, 220 p. Edição bilíngüe: português e japonês.
1998
CARDOSO, Ruth. **Estrutura familiar e mobilidade social**: estudo dos japoneses no Estado de São Paulo. Organização e tradução para o japonês de Masato Nimomiya; tradução para o inglês de Marisa Kazue Shirasuma. 2. ed. São Paulo: Kaleidós-Primus, 1998. 202, 183, 224 p. Edição trilíngüe: português, inglês e japonês.
1986
CARDOSO, Ruth (Org.). **A aventura antropológica**: teoria e pesquisa. Rio de Janeiro: Paz e Terra. 156 p.
1954
CARDOSO, Ruth; FIGUEIRA, Orlando; MARCHI, Álvaro. **Formas de trabalho no Município de São Paulo.** São Paulo: Secretaria do Trabalho, Indústria e Comércio, Governo do Estado de São Paulo.

Artigos e resenhas

2006
CARDOSO, Ruth. A solidariedade da mulher. **Revista Mulheres do Brasil,** p. 36, mar. Edição especial do Dia Internacional da Mulher.
2005
CARDOSO, Ruth. Em 2005, o velho Projeto Rondon. **O Estado de S. Paulo**, 30 jan. Espaço Aberto, p. A-2.
2004
CARDOSO, Ruth. O Terceiro Setor na ordem do dia. **O Estado de S. Paulo**, 27 set. Espaço Aberto, p. A-2.
CARDOSO, Ruth. Uma parceria inovadora. **Folha de S.Paulo**, São Paulo, 13 ago. Opinião, Tendências/Debates, p. 3.
CARDOSO, Ruth. Ação social não tem cor política. **Revista Indústria Brasileira,** jun.

CARDOSO, Ruth. Apresentação (A dinâmica da cultura... - texto nas orelhas). In: DURHAN, Eunice Ribeiro. **A dinâmica da cultura**: ensaios de antropologia. São Paulo: Cosac Naify.
CARDOSO, Ruth. Sustentabilidade, o desafio das políticas sociais no século 21. **São Paulo em Perspectiva**, Revista da Fundação Seade, São Paulo, v. 18, n. 2, p. 42-48, abr./jun.
2002
CARDOSO, Ruth. Problemas atuais de integração da juventude. **Social Democracia Brasileira**, Brasília, ano 1, n. 3, p. 20, maio/jun.
CARDOSO, Ruth. Capacitar para incluir. **Folha de S.Paulo**, São Paulo, 10 abr. Opinião, Tendências/Debates, p. 3.
CARDOSO, Ruth. A marca de Vilmar nas políticas sociais. **Novos Estudos Cebrap**, São Paulo, n. 62, p. 8-9, mar.
2000
CARDOSO, Ruth. A experiência brasileira no cenário latino-americano. In: COMUNIDADE SOLIDÁRIA, UNESCO, PNUD. **Estratégias inovadoras de parceria no combate à exclusão social**. Textos apresentados no Seminário realizado pelo conselho da Comunidade Solidária (24-25 jan.2000). Brasília: Comunidade Solidária. p. 9-17
1997
CARDOSO, Ruth. Fortalecimento da sociedade civil. In: IOSCHPE, Evelyn Berg (Org.). **3º setor**: desenvolvimento nacional sustentado. Textos apresentados no Encontro Ibero-Americano do Terceiro Setor (set. 1996, Rio de Janeiro). Rio de Janeiro: Paz e Terra. p. 7-12.
1996/1997
CARDOSO, Ruth. A cidadania em sociedades multiculturais. In: SÃO PAULO (Estado). Secretaria da Justiça e da Defesa da Cidadania. **O preconceito**. Trabalhos apresentados no Simpósio "O Preconceito" (1996, São Paulo). Editor: Julio Lerner. São Paulo: Imprensa Oficial do Estado de São Paulo (IMESP). p. 11-20.
1995
CARDOSO, Ruth. Mudança sociocultural e participação política nos anos 80. In: SOLA, Lourdes; PAULANI, Leda Maria (Orgs.). **Lições da década de 80**. São Paulo: Editora da Universidade de São Paulo (Edusp). p. 193-200.
1994
CARDOSO, Ruth. A trajetória dos movimentos sociais. In: DAGNINO, Evelina (Org.). **Os anos 90**: política e sociedade no Brasil. São Paulo: Brasiliense. p. 81-90.
CARDOSO, Ruth; HAMBURGER, Esther Imperio. La télévision et les jeunes au Brésil. **Revue Internationale des Sciences Sociales**, Paris, v. 141, p. 531-538, Sept.
CARDOSO, Ruth; HAMBURGER, Esther Imperio. Youth and the Media in

Brazil. **International Social Science Journal,** v.141, p. 445-462, Sept.
CARDOSO, Ruth, HAMBURGER, Esther Imperio. Los jóvenes y las medias in Brasil. **Revista Internacional de Ciencias Sociales**, v.141, p. 519-526, set.
CARDOSO, Ruth; SAMPAIO, Helena. Estudantes universitários e o trabalho. **Revista Brasileira de Ciências Sociais,** São Paulo, ano 9, n. 26, p. 30-50, out.
1992
CARDOSO, Ruth. Popular movements in the context of the consolidation of democracy in Brasil. In: ESCOBAR, Arturo; ALVAREZ, Sonia E. (Eds.). **The making of social movements in Latin America**: identity, strategy, and democracy. Boulder, CO: Westview Press,. p. 291-302. (Series in Political Economy and Economic Development in Latin America).
1991
CARDOSO, Ruth. A sociedade em movimento: novos atores dialogam com o Estado. **Revista Crítica de Ciências Sociais**, Coimbra, n. 32, p. 129-134, jun.
CARDOSO, Ruth. Actions collectives et communautaires locales au Brésil. In: WIEVIORKA, Michel et al. **Modernisation et nouvelles formes de mobilisation sociale, Égypte-Brésil, 1970-1989**. Actes des Journées d'Études CEDEJ-IEDES, 15-17 décembre 1989. Le Caire: Centre d'Études et de Documentation Économique, Juridique et Sociale (CEDEJ); Paris: Institut d'Étude du Développement Économique et Social (IEDES). (Dossiers du CEDEJ, 1991). p. 179-184.
CARDOSO, Ruth. Les mouvements populaires dans le contexte de consolidation de la démocratie au Brésil. In: PÉCAUT, Daniel; SORJ, Bernardo (Dirs.). **Métamorphoses de la représentation politique au Brésil et en Europe**. Paris: Centre National de la Recherche Scientifique (CNRS). p. 249-262.
1990
CARDOSO, Ruth. Participação política e democracia. **Novos Estudos Cebrap**, São Paulo, Centro Brasileiro de Análise e Planejamento (Cebrap), n. 26, p. 15-24, mar.
1989
CARDOSO, Ruth. **Popular movements in the context of the consolidation of democracy**. Notre Dame: University of Notre Dame; Kellogg Institute. 19 p. (Working *Paper*, 120).
1988
CARDOSO, Ruth. Os movimentos populares no contexto da consolidação da democracia. In: REIS, Fábio W.; O'DONNELL, Guillermo (Orgs.). **A democracia no Brasil**: dilemas e perspectivas. São Paulo: Vértice.
CARDOSO, Ruth. Isso é política?: dilemas da participação entre o moderno e o pósmoderno. **Novos Estudos Cebrap**, São Paulo, Centro Brasileiro de Análise e Planejamento (Cebrap), n. 20, p. 74-80, mar.

1987
CARDOSO, Ruth. Programa precisa ser democrático. **Folha de S.Paulo**, São Paulo, 31 jan., Opinião, Tendências/Debates, p. A-3.
CARDOSO, Ruth. Violência e cidadania, a violência dos outros. **Ciência Hoje**, Encarte Especial: Violência, Rio de Janeiro, v. 5, n. 28, p. 4-6, jan./fev.
CARDOSO, Ruth. Movimentos sociais na América Latina. **Revista Brasileira de Ciências Sociais**, São Paulo, v. 1, n. 3, p. 27-37, fev.
CARDOSO, Ruth. As mulheres e a democracia. **Revista de Ciências Sociais**, Porto Alegre, v. 1, n. 2, p. 287-304.
1986
CARDOSO, Ruth. Aventuras de antropólogos em campo ou como escapar das armadilhas do método. In: CARDOSO, Ruth (Org.). **A aventura antropológica:** teoria e pesquisa. Rio de Janeiro: Paz e Terra. p. 95-105.
1985/86
CARDOSO, Ruth; SACHS, Céline. Brésil, la démocratie venue d'en bas. **Autogestions**, Toulouse, n. 22, p. 17-29.
1985
CARDOSO, Ruth. Planejamento familiar. **Boletim de Intercâmbio**, Rio de Janeiro, v. 5, n. 22, p. 19-27, abr./jun.
CARDOSO, Ruth. Novas formas de participação popular no Brasil contemporâneo. **Revista da Fundação SEADE**: São Paulo em Perspectiva, São Paulo, v. 1, n. 3, p. 46-50, set./dez..
CARDOSO, Ruth. Comunidade e movimentos sociais urbanos. In: ENCONTRO COTIDIANO, CULTURA POPULAR E PLANEJAMENTO URBANO, 4 e 5 de agosto de 1982,
São Paulo. **Anais**... Organização, editoria e tradução de Maria Irene de Q. F. Szmrecsanyi. São Paulo: Faculdade de Arquitetura e Urbanismo da Universidade de São Paulo FAU/USP,. p. 57-62.
CARDOSO, Ruth. Sociedade civil e meios de comunicação no Brasil. In: MELO, José Marques de (Org.). **Comunicação e transição democrática**. Porto Alegre: Mercado Aberto. p. 118-128. (Série Novas Perspectivas, 16).
CARDOSO, Ruth. Les cuisines communautaires et la participation des femmes. In: **FEMMES et Politiques alimentaires**: actes du séminaire international sur "La Place des Femmes dans l´Autosuffisance et les Stratégies Alimentaires". Paris: ORSTOM-CIE. p. 519-640.
CARDOSO, Ruth. Planejamento familiar. **Boletim de Intercâmbio**, Rio de Janeiro, v. 5, n. 22, p. 19-27, abr./jun.
1984
CARDOSO, Ruth. Creating kinship: the fostering of children in favela families in

Brazil. In:SMITH, Raymond Thomas (Ed.). **Kinship ideology and practice in Latin America**. ChapelHill: University of North Carolina Press. p. 196-203.

1983

CARDOSO, Ruth. Planejamento familiar: novos tempos. **Novos Estudos Cebrap**, São Paulo, Centro Brasileiro de Análise e Planejamento (Cebrap), v. 2, n. 3, p. 2-7, nov.

CARDOSO, Ruth. Movimentos sociais urbanos: balanço crítico. In: SORJ, Bernardo; ALMEIDA, Maria Helena Tavares de (Eds.). **Sociedade e política no Brasil pós-64.** São Paulo: Brasiliense. p. 215-239.

1982

CARDOSO, Ruth. Cultura brasileira: uma noção ambígua. **Cadernos CERU**, São Paulo, Centro de Estudos Rurais e Urbanos, 1. ser., n. 17, p. 15-22, set.

CARDOSO, Ruth. Duas faces de uma experiência. **Novos Estudos Cebrap**, São Paulo, Centro Brasileiro de Análise e Planejamento (Cebrap), v. 1, n. 2, p. 53-58, abr. 1982

1980

CARDOSO, Ruth. O desafio da cidade: reflexões sobre o trabalho do antropólogo urbano. **Anuário Antropológico**, Rio de Janeiro, v. 80, p. 329-332. Resenha de: VELHO, Gilberto (Org.). O desafio da cidade: novas perspectivas da antropologia brasileira. Rio de Janeiro: Campus, 1980.

CARDOSO, Ruth. Refazendo os partidos. **Folha de S.Paulo**, São Paulo, 29 mar. Opinião, Tendências/Debates, p. 3.

1979

CARDOSO, Ruth. Partidos políticos e movimentos sociais. **Folha de S.Paulo**, São Paulo, 23 out. Opinião, Tendências/Debates, p. 3.

1978

CARDOSO, Ruth. Sociedade e poder: as representações dos favelados de São Paulo. **Ensaios de Opinião**, Rio de Janeiro, Inúbia, n. 2+4(6), p. 38-44., 1978

CARDOSO, Ruth. Os "símbolos" e o "drama" na antropologia política. **Anuário Antropológico,** Rio de Janeiro, v. 77, p. 317-326.

1977

CARDOSO, Ruth. Estudo de uma antiga cidade. **Gazeta Mercantil**, São Paulo, 30 set./02, out. Livros, p. 4. Resenha de: SHIRLEY, Robert W. O fim de uma tradição. São Paulo: Perspectiva, 1977.

CARDOSO, Ruth. Favela: conformismo e invenção. **Ensaios de Opinião**, Rio de Janeiro, Inúbia, n. 2+2(4), p. 36-43, 1977.

DURHAM, Eunice Ribeiro; CARDOSO, Ruth. Elaboração cultural e participação social nas populações de baixa renda. Separata de: **Ciência e Cultura**, São Paulo, v. 29, n. 2, p. 171- 177, fev.

1975
CARDOSO, Ruth Corrêa Leite. Sub-cultura: uma terminologia adequada? **Cadernos de Pesquisa**, São Paulo, n. 14, p. 3-5, set.
1973
DURHAM, Eunice Ribeiro; CARDOSO, Ruth. A investigação antropológica em áreas urbanas. **Revista de Cultura Vozes**, Petrópolis, v. 67, n. 2, p. 49-54, mar.
CARDOSO, Ruth. O papel das associações juvenis na aculturação dos japoneses e seus descendentes. In: SCHADEN, Egon (Org.). **Assimilação e integração dos japoneses no Brasil**. Petrópolis: Vozes.
1972
CARDOSO, Ruth. O agricultor e o profissional liberal entre os japoneses no Brasil. In: SCHADEN, Egon (Org.). **Homem, cultura e sociedade no Brasil**: seleções da Revista de Antropologia. Petrópolis, RJ: Vozes. p. 363-373.
1963
CARDOSO, Ruth. Organização familiar entre os japoneses de São Paulo. **Revista do Museu Paulista**, São Paulo, v. 14, p. 277-282.
CARDOSO, Ruth. O agricultor e o profissional liberal entre os japoneses no Brasil. **Revista de Antropologia**, São Paulo, v. 11, n. 1/2, p. 53-60, jun./dez.
1961, DURHAM, Eunice Ribeiro; CARDOSO, Ruth. O ensino da antropologia no Brasil. **Revista de Antropologia**, São Paulo, v. 9, n. 1/2, p. 91-107, jun./dez.
1961/1962
CARDOSO, Ruth. Der landwirt und die freien Berufsangehörigen unter den Japanern Brasiliens. **Staden-Jahrbuch**: Beiträge zur Brasilkunde Kulturaustausch, São Paulo, band 9/10, p. 19-26.
1959
CARDOSO, Ruth. O papel das associações juvenis na aculturação dos Japoneses. **Revista de Antropologia**, São Paulo, v. 7, n. 1-2, p. 101-122.
1957
CARDOSO, Ruth. O papel das associações juvenis na aculturação dos japoneses: projeto de pesquisa. **Boletim da Sociedade Brasileira de Sociologia**, Rio de Janeiro, n. 1.

Prefácios e apresentações

2004
CARDOSO, Ruth. Apresentação (A dinâmica da cultura... - texto nas orelhas). In: DURHAM, Eunice Ribeiro. **A dinâmica da cultura**: ensaios de antropologia. São Paulo: Cosac Naify.
2003
CARDOSO, Ruth. Prefácio (Da sede ao pote: artesanato solidário). In:

CALVALCANTI, Cláudia; MATTOSO, Chico. **Da sede ao pote**: artesanato solidário. São Paulo: Comunitas. p. 11.
2002
CARDOSO, Ruth. Apresentação. In: BARONE, Francisco Marcelo et al. **Introdução ao microcrédito**. Por Francisco Marcelo Barone, Paulo Fernando Lima, Valdi Dantas e Valéria Rezende. Brasília: Conselho da Comunidade Solidária. p. 6-7.
CARDOSO, Ruth. Introdução In: OLIVEIRA, Miguel Darcy; CORULLÓN, Monica. **Proposta de criação de Centros de Voluntários**: relatório do processo de consulta, outubrodezembro de 1996. São Paulo: Conselho da Comunidade Solidária/Programa de Promoção do Voluntariado, 1997. p.3-4.
CARDOSO, Ruth. Apresentação. In: CARDOSO, Ruth; OLIVEIRA, Miguel Darcy de;
FRANCO, Augusto de; LOBO, Thereza. **Comunidade Solidária**: fortalecendo a sociedade; promovendo o desenvolvimento. Rio de Janeiro: Comunitas. p. 1-2.
2000
CARDOSO, Ruth. A construção de um novo diálogo (Prefácio). In: ÁVILA, Célia Marisa de (Coord.). **Gestão de projetos sociais**. 2. ed. São Paulo: Associação de Apoio ao Programa Comunidade Solidária (AAPCS). p. 7-9.
CARDOSO, Ruth. Prefácio (Meninos de rua e instituições...). In: GREGORI, Maria Filomena. **Meninos de rua e instituições**: tramas, disputas e desmanche. Prefácio de Ruth Cardoso. São Paulo: Contexto. p. [7-8].
1999
CARDOSO, Ruth. Prefácio (O poder da identidade). In: CASTELLS, Manuel. **O poder da identidade**. Tradução de Klauss Brandini Gerhardt. São Paulo: Paz e Terra, 1999. p. i- iii. (A Era da Informação: Economia Sociedade e Cultura, v. 2).
1988
CARDOSO, Ruth. Apresentação. In: KOWARICK, Lúcio (Org.). **As lutas sociais e a cidade**: São Paulo, passado e presente. São Paulo: Paz e Terra, 1988.
1985
CARDOSO, Ruth. Prefácio (Perspectivas Antropológicas da Mulher, 4). In: FRANCHETTO, Bruna; CAVALCANTI, Maria Laura V. C.; HEILBORN, Maria Luiza (Orgs.). **Perspectivas Antropológicas da Mulher, 4**. Rio de Janeiro: Zahar. p. 15-21.
1984
CARDOSO, Ruth. Prefácio (Festa no pedaço...). In: MAGNANI, José Guilherme Cantor. **Festa no pedaço**: cultura popular e lazer na cidade. São Paulo: Brasiliense. p. 15-16.
1978
CARDOSO, Ruth. Prefácio (Cidade: usos e abusos). In: HOGAN, Daniel J. et al. **Cidade**: usos e abusos. São Paulo: Brasiliense. 166 p., il.

Discursos e palestras

2002

CARDOSO, Ruth. **Transformações nas relações entre o Estado e a sociedade civil global**. Brasília: Instituto Rio Branco, Ministério das Relações Exteriores.

2001

CARDOSO, Ruth. **O novo papel da sociedade civil**. Brasília: Instituto Rio Branco, Ministério das Relações Exteriores.

2000

CARDOSO, Ruth. **Democracia**. Brasília: Instituto Rio Branco, Ministério das Relações Exteriores.

1999

CARDOSO, Ruth. **Aula inaugural**. Brasília: Instituto Rio Branco, Ministério das Relações Exteriores. 27 p. (Documento de Trabalho, n. 2). Aula inaugural proferida em 28 ago. 1999.

Entrevistas e depoimentos

2008

CARDOSO, Ruth. Respeito pelos imigrantes japoneses. Entrevistadora: Cinthia Yumi. **Jornal Nippo-Brasil**, São Paulo, p. 3A, 14-20 maio.

2007

CARDOSO, Ruth. Capacitação Solidária ao alcance de todos. **Dealer**, São Paulo, ano 1, n. 5, p. 18-21, out./nov.

CARDOSO, Ruth. Falta de controle prejudica ONG. Entrevistadora: Catia Seabra. **Folha de S.Paulo**, São Paulo, p. A10-A11, 21 out.

2006

CARDOSO, Ruth. Depoimento. In: ECKERT, Cornelia; GODOI, Emília P. (Orgs.) de. **Homenagens:** Associação Brasileira de Antropologia 50 anos. Florianópolis: Nova Letra. P. 161-163.

CARDOSO, Ruth. Entrevista com Ruth Cardoso, **TV Cultura**. O Terceiro Setor, 15 de março.

CARDOSO, Ruth. "Entrevista ao Prof Helgio Trindade sobre sua vida profissional para pesquisa sobre as ciências sociais no Brasil"

CARDOSO, Ruth. Conversa com Eunice Durham e Ruth Cardoso. In: GROSSI, Miriam P.; ECKERT, Cornelia; FRY, Peter H. **Conferências e Diálogos**: Saberes e práticas antropológicas. 25ª. Reunião Brasileira de Antropologia – Goiânia, 12 de junho. Florianópolis:Nova Letra. p. 221-242,.

2005

CARDOSO, Ruth. Entrevista com Ruth Cardoso. **Informe**, Universidade de São Paulo, n. 21, p.34-36, out.

CARDOSO, Ruth. Quero um Brasil sem injustiça social. **Jornal do Brasil**, 6 fev. Política e Governo, p. 3.
2004
CARDOSO, Ruth. Não tem modelito. **Veja**, São Paulo, ano 37, n. 21, p.11-15, 26 de maio.
(?), CARDOSO, Ruth. Como os formadores de opinião enxergam o MP – Ruth Cardoso. **APMP em Reflexão**, Associação Paulista do Ministério Público, São Paulo, v. 1, n. 2, p. 6-11.
CARDOSO, Ruth. Ação social não tem cor política. Entrevistadores: Iris Walquiria Campos e Luiza Pastor. **Revista Indústria Brasileira**, Brasília, DF, ano 4, n. 41, p. 10-15, jul.
CARDOSO, Ruth. Dignidade pela arte. Entrevistadora: Cristina Teixeira Duarte. **Kaza**, São Paulo, ano 2, n. 14, p. 31-34.
2003
CARDOSO, Ruth. Não se alfabetiza no fim de semana. Entrevistador: Leonardo Trevisan. **O Estado de S. Paulo**, São Paulo, p. A15, 11 set.
2002
CARDOSO, Ruth. Em reconhecimento legal, o Brasil avançou muito. **Cidadania e Equidade**, publicação da Embaixada do Canadá, Brasília, p. 28-29, setembro.
2000
CARDOSO, Ruth. An interview with Ruth Cardoso (by Fabrizio F. Rigout). **The Center for Latin American Studies Newsletter.** The University of California, Berkeley, Winter.
CARDOSO, Ruth.. Solidarity through participation: in discussion with Geeti Sen. **India Internacional Centre (IIC) Quarterly**, New Delhi, v. 27, n. 3, p. 100-116, Monsoon.
CARDOSO, Ruth. Cidadania empresarial: o desafio da responsabilidade = The challenge of responsibility: business and citizenship in Brazil and United States. **Update**, São Paulo, ano 16, n. 363, ago. Suplemento especial, n. 8.
CARDOSO, Ruth. Ruth Cardoso diz estar entre Marta e Erundina. Entrevista. **Folha de S.Paulo**, São Paulo, 12 jun. p. 4.
1999
CARDOSO, Ruth. Mercedes-Benz doa seu primeiro automóvel Classe A à Comunidade Solidária. **Sua Boa Estrela**, São Bernardo do Campo, SP, ano 32, n. 130, p. 32-35, set.
1997/98
CARDOSO, Ruth. Entrevista com Ruth Cardoso. **Cadernos de Campo:** Revista dos Alunos de Pós-Graduação em Antropologia da Universidade de São Paulo, ano 8, n. 7, p. 149-166.
1997
CARDOSO, Ruth. Cidadania para todos os brasileiros. **Assinei**, Brasília, DF, ano 2, n. 3, p. 6-11, nov.

1995
CARDOSO, Ruth. A Conversation with First Lady of Brazil Dr. Ruth Corrêa Leite Cardoso. **Camões Center Quarterly**, Columbia University, v. 5, n. 3/4, Fall.
1988
CARDOSO, Ruth. Los movimientos sociales se demuestran andando: entrevista com Oscar Landi. **Revista Unidos**, [Buenos Aires?], ano 5, n. 18, p. 199-206, abr.
CARDOSO, Ruth; KEHL, Maria Rita; BARROSO, Carmen. Crise das utopias atinge o feminismo, avaliam cientistas sociais. **Folha de S.Paulo**, São Paulo, p. A6, 18 maio.
1974
CARDOSO, Ruth. **O papel da universidade**. Visão, São Paulo, p.155, 11 de março.

Fonte | Instituto Fernando Henrique Cardoso

Créditos de Imagens

Acervo Pr. F. H. Cardoso, p. 1, 49-53, 57-66, 68-70, 71 inferior, 72-73, 122-124, 183, 184 inferior, 185-188, 191, 193-194, 197, 209

Alfabetização Solidária, p. 190, 192, 196

Artesanato Solidário, p. 184 superior, 195

Carlos Augusto de Lima, p. 10, 76, 132

Carmo Sodré Mineiro, p. 129

Célia Galvão Quirino, p. 126

Comunitas, p. 189

© Daniela Lebon, p. 191

© Domingos Tadeu, p. 68

Fecap, p. 198

Gilberto Velho, p. 126 inferior, 128

Josemar Gonçalves/CPdoc JB, p. 65

Malak Poppovic, p. 67, 127

Margarida Cintra Gordinho, p. 125, 126 superior

Maria da Penha Villalobos, p. 54-56

Marjorie Gueller, p. 71 superior

© Michel Claude, p. 71

Renata Camargo Nascimento, p. 199

Nota

Os editores procuraram reconhecer os direitos morais e autorais sobre as imagens publicadas nesta edição. Agradecemos todas as eventuais identificações complementares e nos comprometemos a inseri-las nas edições posteriores.

Agradecimentos dos Editores

Agradecemos a todos que tornaram possível a realização deste livro, especialmente o Instituto Fernando Henrique Cardoso

Dados Internacionais de Catalogação na Publicação
Biblioteca da Imprensa Oficial do Estado de São Paulo

Gordinho, Margarida Cintra
Livro de Ruth / Margarida Cintra Gordinho - [São Paulo] : Imprensa Oficial do Estado de São Paulo : FECAP,[2009].
256 p. : il.

Bibliografia.
ISBN 978-85-7060-740-9 (Imprensa Oficial)

1. Antropólogos – Brasil – Biografia 2. Cardoso, Ruth, 1930-2008 I. Título.

CDD 301.092

Índices para catálogo sistemático:
1. Antropólogos : Biografia e obra 301.092

Foi feito o depósito legal na Biblioteca Nacional
(lei nº 10.994, de 14.12.2004)

Impresso no Brasil 2009

FUNDAÇÃO ESCOLA DE COMÉRCIO
ÁLVARES PENTEADO | FECAP
Av. Liberdade, 532 Liberdade
01502-001 São Paulo SP
Tel. 11 3272-2231 | 2232
Fax. 11 3272-2322
www.fecap.br

IMPRENSA OFICIAL
DO ESTADO DE SÃO PAULO
Rua da Mooca, 1921 Mooca
03103-902 São Paulo SP
sac Grande São Paulo (11) 5013 5108 | 5109
sac Demais Localidades 0800 0123 401
livros@imprensaoficial.com.br
www.imprensaoficial.com.br

Livro de Ruth
Margarida Cintra Gordinho

edição de texto
Marilia Fontana Garcia

pesquisa e assistência geral
Aline Sultani
Margarida Cintra Gordinho

revisão
Neusa Caccese de Mattos
Claudionor A. de Mattos

secretaria
Susana Hart

Formato
15,5 x 22,5 cm
Tipologia
Arno
Papel capa
DuoDesign 300 g/m²
Papel miolo
Off-set chambril 90 g/m²
Número de páginas
256
Tiragem
2.000

Imprensa Oficial
do Estado de São Paulo

DIRETOR-PRESIDENTE
Hubert Alquéres

DIRETOR INDUSTRIAL
Teiji Tomioka

DIRETOR FINANCEIRO
Clodoaldo Pelissioni

DIRETORA DE GESTÃO DE NEGÓCIOS
Lucia Maria Dal Medico

GERENTE DE PRODUTOS EDITORIAIS E INSTITUCIONAIS
Vera Lúcia Wey

COORDENAÇÃO EDITORIAL
Cecília Scharlach

ASSISTÊNCIA EDITORIAL
Edson Lemos

REVISÃO E PREPARAÇÃO DE TEXTOS
Lindsay Gois

PROJETO GRÁFICO E EDITORAÇÃO ELETRÔNICA
Ricardo Assis
Ana Paula Fujita
Negrito Produção Editorial

ASSITÊNCIA À EDITORAÇÃO ELETRÔNICA
Teresa Lucinda Ferreira de Andrade

TRATAMENTO DE IMAGENS
Anderson Lima
Tiago Cheregati

CTP, IMPRESSÃO E ACABAMENTO
Imprensa Oficial do Estado de São Paulo

Governo do Estado de São Paulo

GOVERNADOR
José Serra